TEORÍA E INVESTIGACIÓN PROYECTUAL

SU PAPEL EN LA PRODUCCIÓN ARQUITECTÓNICA

TEORÍA E INVESTIGACIÓN PROYECTUAL

SU PAPEL EN LA PRODUCCIÓN ARQUITECTÓNICA

Patricia Barroso Arias

Primera reimpresión   2013

Coordinación editorial y corrección de estilo: Patricia Barroso Arias.
Diseño de portada: Patricia Barroso Arias.

Queda prohibida la reproducción total o parcial de esta obra incluido el diseño tipográfico y de portada sea cual fuera el medio, electrónico o mecánico, sin el consentimiento por escrito del autor.

ARCHITECTHUM PLUS S.C.
Díaz de León 122-2
Aguascalientes, Aguascalientes
México CP 20000

ISBN 978-607-95151-1-9

*Por mostrarte en mi tarea cotidiana,
para revelarte en los milagros de la vida,
anidando en mis sueños,
incesantemente te miro en el gran espíritu del cielo.*

CONTENIDO

PRÓLOGO 11

INTRODUCCIÓN 13

DE LA INVESTIGACIÓN

El término "investigación" y su sentido. 19
La investigación como un vínculo teórico proyectual. 22

DE LA TEORÍA

El papel de la teoría en la arquitectura. 31
De la teoría a la práctica arquitectónica, el vínculo y el instrumento. 52

DEL PROYECTO

El proyecto como hecho arquitectónico y como hecho histórico. 71

DE LA FORMA

La forma de la expresión arquitectónica. 103
La compositividad geométrica. 143

DE LA TIPOLOGÍA

El tipo y la tipología. 155
Las implicaciones de la tipología en la actividad proyectual. 166
Aplicación del análisis tipológico en la actividad proyectual. 173
Las categorías tipológicas. 179

DEL CONTEXTO

El estudio de la contextualidad en el proyecto. 189
Valle de bravo, el efecto de una cultura acuática. Una metodología de análisis. 200

BIBLIOGRAFÍA GENERAL 215

Prólogo

Este es un libro que invita a la reflexión sobre el hacer proyectual. La autora, en una selección de ponencias y ensayos sobre diversos aspectos del quehacer arquitectónico, comparte sus inquietudes y cuestionamientos sobre temáticas tan importantes como la validez de una visión equilibrada entre la teoría y la práctica, en un ámbito en el cual, es muy común pensar que la praxis actúa de manera absoluta.

Barroso divide el libro en seis apartados cuyo manejo es independiente pero que, su comprensión, no pierde la idea rectora del documento. El primero "De la investigación" plantea su importancia en el proceso de diseño y en la etapa formativa del estudiante para la obtención de un producto que responda adecuada e integralmente tanto al sujeto que lo habitará como al contexto en que se inserta. El segundo apartado denominado "De la teoría, analiza su vínculo con la práctica arquitectónica proponiendo una visión de equilibrio entre ambas, donde el "saber" y el "hacer" se sintetizan en una "actividad con sentido", el "saber hacer". Los siguientes apartados: "Del proyecto", "De la forma", "De la tipología" y "Del contexto", se refieren a la materialidad de la arquitectura, reflexionando sobre su importancia y redondeando la visión integradora de teoría-praxis. El proyecto se entiende como una construcción creativa, imaginaria y como germen de la materia arquitectónica, valorándolo como medio para la construcción historiográfica de la arquitectura. La forma se plantea como la expresión de la obra arquitectónica proponiendo su estudio a partir de una serie de contenidos arquitectónicos que combinados producen una unidad expresiva. La tipología se desglosa en una serie de categorías significativas proponiendo un instrumento de análisis proyectual. El contexto se analiza como generador de pautas para la formulación del proyecto, enfatizando que el objeto arquitectónico no es un ente individual, sino que se determina por el contexto o es su condicionante; se estudia a partir de la propuesta de una metodología de diagnóstico basada en una visión integral del entorno.

El libro se ofrece al lector de una manera didáctica, reflejo de un cuidadoso trabajo de investigación, enriquecido con una valiosa experiencia docente, facilitando la comprensión y haciendo amena la lectura. En éste se plantean algunas interrogantes como punto de partida en cada apartado, las mismas que guían y permiten al lector seguir el proceso de análisis de la autora.

Esta visión enriquece el ámbito teórico de la arquitectura e invita a hacer un alto en su actividad, para meditar sobre aspectos trascendentales que muchas veces se olvidan. Por ello, esta obra está dirigida tanto al estudiante como al docente y al profesional que buscan profundizar en la comprensión de su actividad proyectual, promoviendo un pensamiento integral que considere una preparación teórica ligada a la práctica, esto permite fundamentar y justificar las propuestas durante y después del proceso de diseño.

Para finalizar, agradezco a la autora por el honor de permitirme escribir estas líneas de apertura e invito al lector a sumergirse en esta serie de ensayos y ponencias que con su aporte contribuyen a la labor de configurar entornos habitables basados en fundamentos esenciales.

Dra. en Arq. Vania Hennings H.

Introducción

Actualmente, en el sistema pedagógico de la arquitectura surgen muchas interrogantes sobre la importancia que debiera cobrar el diseño en el proceso de enseñanza, presumiendo que es la columna vertebral de la que se derivan muchas respuestas para explicar el hacer proyectual. Esto nos invita a reflexionar e investigar la riqueza del campo sobre la materialidad arquitectónica; por ello, este texto no pretende ser un manual de elementos, conceptos o nociones que debieran seguirse como tal, sino que busca motivar en el docente y en el alumno, su análisis.

Esta preocupación, por conocer los fundamentos de la disciplina, nos indica que el rol de la investigación en el ámbito, conlleva una actividad que hace referencia a la reflexión crítica sobre el hacer, que estudia sus fundamentos, su materia y su proceso. Esto nos ayuda a generar las condiciones teóricas sobre la práctica, es decir que la investigación en el campo actúa como un vínculo teórico proyectual y en este sentido nos lleva a plantear cómo actúan las nociones teóricas al formular los planteamientos conceptuales del proyecto, y cómo podemos trasladarlos a la solución formal.

Entonces, la investigación es la actividad que produce el conocimiento sobre los contenidos teóricos relacionados con el estudio de la producción de la forma, de tal manera que forja un permanente diálogo con la actividad práctica. Así, en el proceso proyectual, no tendría que existir una contraposición de las nociones que se piensan, se investigan y fundamentan teóricamente, con las que se aplican. Al abordar este tema, sobre la vinculación teoría-praxis, surgen interrogantes sobre el planteamiento de la teoría en el ámbito, cuestionando si ésta es una construcción universal o es particular, si es dogmática o evoluciona, si su incidencia determina o no la formación del arquitecto y de su producción. Asimismo, se investiga sobre su vinculación con otras disciplinas.

La teoría anclada a la historia nos indica que está encajada en un contexto socio-histórico bajo el cual es formulada, está ligada a la crítica como actividad del intelecto, porque nos exige cuestionar cada fundamento y nos lleva a desarrollar, comprender y proponer otro sentido del hacer, del diseñar y del proyectar. Si analizamos esto, podemos preguntarnos cómo se generan los instrumentos que nos llevan a identificar un vínculo continuo entre la teoría y la práctica, pensando que este diálogo teoría-praxis puede fortalecer y fundamentar otras posturas teóricas y propuestas expresivas en el medio.

Iniciando con estas nociones, desde una actividad reflexiva, se manifiesta que el entendimiento del proyecto, involucra un acto creativo que invita al diseñador a ser consciente del contenido que manipula, dicho contenido se vuelve la sustancia que detona y da forma al hecho arquitectónico. Con ello, se sugiere que lo arquitectónico no está en la cosa, ya sea objeto o proyecto, sino en la causa, es decir, en su origen.

El proyecto es considerado como un hecho que se explica por el devenir de su esencia, implicando el acontecer de la materia que llamamos arquitectónica. Este mismo acontecer de la materia en la formación de la imagen, nos sugiere que es ahí donde se encuentra también un hecho que no es sólo arquitectónico, sino que es también histórico; el proyecto resulta así un documento que revela la historia de la formación de la imagen. En sí reúne las condiciones necesarias bajo el disimulo de su proceso, como un producto que porta una enorme carga de contenido teórico, imaginario y creativo.

Ligado a estas reflexiones, los temas de la forma, de la tipología y del contexto, surgen como instrumentos para generar una investigación proyectual, que se vincula a la actividad teórica. Dichos temas se muestran como herramientas de análisis que nos sirven para explicar los rasgos cualitativos de lo arquitectónico, que bien se plasman en el proyecto o se caracterizan en el objeto. Entonces cuando estudiamos el concepto de la forma, nos referimos no a una apariencia, sino a una organización de contenidos dados en la disciplina. Una materialidad que se expresa al codificarse, que puede considerarse desde un enfoque tipológico y se contextualiza.

Finalmente, las reflexiones que se muestran en este libro son producto de diversas investigaciones que se han elaborado con diversos fines, principalmente como material didáctico para los seminarios de Teoría e Investigación en la carrera de Arquitectura. Dichos escritos reflejan una preocupación por indagar en algunos términos y nociones que se emplean cotidianamente y generar un acercamiento a la práctica proyectual.

Este material se ofrece también, como producto de diversas influencias académicas que provienen de maestros e investigadores en el campo de la arquitectura. Por ello, agradezco y reconozco a la Dra. María Elena Hernández Álvarez y al Mtro. Miguel Hierro Gómez, su entusiasmo y pasión para motivar e incursionar este trabajo en el ámbito teórico e investigativo. La introducción a la esfera reflexiva del hacer proyectual, la motivación a la búsqueda de respuestas sobre ciertas preocupaciones y dudas sobre este ámbito, se las debo a mis maestros quienes estuvieron acompañando, vigilando y alimentando día a día mi labor.

De la Investigación

El término "investigación" y su sentido

En principio, se indaga sobre el sentido que cobra el uso del término "investigación" en el diseño, para establecer una reflexión crítica sobre su papel. Si partimos de su definición, se observa que es un término que señala cómo aplicar ciertos contenidos a un fin concreto y específico, en sí, investigar es examinar un fenómeno con la intención de comprenderlo, o bien, con el objeto de descubrir a los elementos que lo integran. Para ello se necesita cuestionar y despertar la curiosidad por saber algo, en este sentido la "investigación" implica una exploración sobre el significado de las cosas, ésta puede anticipar o señalar un punto de partida para el conocimiento de un objeto, de su proceso y de su materialidad.

En el acto de investigar, como lo señala Heidegger, se cuestiona por la manera en cómo se constituyen las cosas, se generan preguntas fundamentales, que ayudan a formular un argumento o bien dan pie a éste; con ello se acentúa que en esta actividad se busca obtener algún conocimiento y esta continua exploración por saber algo, puede volverse un investigar[1]. Entonces, al sentido de la "investigación" viene sumado un aspecto que cuestiona e interroga por el ser de las cosas, son estas preguntas las que se deben formular para forjar los conceptos.

La "investigación" pone en manifiesto una genuina forma de acceso al conocimiento, a la dirección, a la comprensión, a la elección y a la construcción de nociones nuevas y diversas, de tal manera que se indaga sobre los principios que fundan o causan cualquier cosa. Así, se experimenta una crisis

---

[1] Heidegger, Martín. El ser y el tiempo. México D.F., Fondo de Cultura Económica, 1997, p. 14.

de términos fundamentales en cualquier hacer, en cualquier disciplina, aquí es donde oscila la relación misma de la "investigación", con las cosas por las que uno se pregunta y por esa tendencia de proponer una "averiguación" sobre nuevos fundamentos. Podría decirse, que los principios que se establecen y los métodos, bajo la reflexión crítica y analítica le son inherentes.

Por ello, cabe aclarar que esta actividad no puede quedar reducida a una recopilación, interpretación y organización de datos o información, sino que se entiende como la complejidad mental e intelectual que nos arroja a un conocimiento. Además implica un proceso organizado, sistemático y objetivo, destinado a responder una pregunta. Por eso es posible cuestionar cuál es el papel que juega la "investigación" en el diseño, a qué se refiere, y si es necesaria para diseñar. En este caso, se genera una crítica no sólo al término de "investigación", sino al sentido que cobra, argumentando que si existiera una condición de conocimiento, el alumno al concluir la carrera de arquitectura, sabría investigar y podría lanzar una propuesta fundamentada sobre cualquier factor del diseño, sobre su proceso o sobre los conceptos que inciden en los proyectos.

Como vemos esta actividad no es entendida como una recopilación de información, sino que a través de ésta, se puede establecer o proponer una postura teórica y reflexiva ante cualquier proyecto. Lo que resultaría interesante entonces, es cuestionar si el alumno al "investigar" logra establecer una reflexión sobre la materia que le ocupa, es decir sobre el diseño o bien, sobre los materiales con los que trabaja antes de hacer un proyecto, considerando que esto sólo podría lograrse mediante la conexión teórica sobre el hacer.

De esta manera, queda cuestionado no sólo el papel que juega la "investigación" en el diseño, sino como se dijo antes, lo que se entiende por el término y cómo se aplica. Es importante destacar que si no se atiende esto, se podría pensar que se educa en la investigación, sin los elementos necesarios para generar investigadores en algo concreto y sin la reflexión necesaria sobre su hacer, generando soluciones que por ósmosis y experiencias de ensayo y error permiten un aprendizaje. Con todo ello, es posible semblantear que el término "investigación" será utilizado o interpretado en otro sentido, es decir como una actividad que hace referencia a la reflexión crítica sobre el hacer. Con ello, señalamos que no se anula el término como tal, sino que se cuestiona su sentido, intentando establecer que la "investigación" en el diseño actúa en un acercamiento con el ejercicio proyectual para incidir en los materiales con los que éste trabaja y para incidir en sus contenidos; es tratar de realizar las conexiones teóricas sobre la práctica.

Así, se considera que de esta manera, el estudiante podría discurrir sobre el significado conceptual y cultural de los objetos, se puede buscar que adquiera mayor destreza en el proceso del diseño y más aún, adquiera la conciencia de su propio proceso; suponiendo que identifique en cada etapa de su desarrollo, no sólo qué es la "investigación", sino cómo actúa en su formación. En sí se puede decir que, la investigación actúa al tratar de relacionar los planteamientos conceptuales y reflexivos del proyecto con la solución formal.

La investigación como un vínculo teórico proyectual

En este caso, se puede establecer que la actividad llamada "investigación" debería actuar como un espacio de reflexión crítica sobre la práctica, donde se pueda determinar hacia dónde se encamina nuestra acción del diseñar, qué es lo que se quiere explicar del hacer y con qué instrumentos se logrará; resultando un pensar sobre el proyectar.

Por eso, este espacio de reflexión se entendería como la actividad productora del conocimiento, en donde se pueda discernir, discurrir, experimentar y reflexionar en las experiencias sobre el diseñar. En este caso, el acto de investigar, se convierte en la premisa inicial que comprende todo lo referente al ejercicio arquitectónico, de tal manera, que se indagaría en temas y conceptos que nos interesan como: expresión, lenguaje, tipo, forma, diseño, proceso, espacialidad, habitabilidad, ya que representan el material teórico que se aplica o incide en el hacer, por mencionar algunos.

Entonces, la "investigación" entendida como una actividad crítica y reflexiva en el diseño puede funcionar como un instrumento que permita comprender la etapa de conceptualización en el proceso del diseño, con el fin de indagar no sólo en lo que son los conceptos, sino cómo se construyen en el diseño, qué los conforma y cómo inciden en el proyecto. Con ello, esta actividad reflexiva se vería como una operación de la acción que intenta recuperar la operatividad de los conceptos y de sus bases ideológicas; al mismo tiempo que es capital dependiente al objeto que diseñamos, por determinar la elección y configuración de un lenguaje. ¿No sería, entonces esta actividad la que determine nuevos ejes para sustentar los diseños en su concepción? En este caso, se verá como indisociable de la problemática y de los objetivos del diseño, por lo tanto abre la puerta para admitir una reflexión sobre el hacer, desde la configuración de la imagen.

Por otro lado, se puede señalar que esta actividad o espacio reflexivo emana de las mismas dimensiones teóricas, aquí hay un vínculo indisoluble que deja ver que la "investigación" utiliza a la teoría, al igual que la teoría se desarrolla en la indagación analítica y crítica que surge en un espacio de reflexión. Así, las indagaciones y las reflexiones que sirven directamente para la solución de cometidos concretos en el diseño pueden denominarse "investigación". En este caso, cabe aclarar que el vínculo que se menciona es el que existe entre este espacio reflexivo y crítico llamado "investigación" con la teoría referida al hacer o al diseñar.

Por lo que, esta actividad naturalmente, se ocupa en primer lugar de los medios y cometidos teóricos y prácticos, pero también introduce un acto reflexivo para descubrir si las soluciones son satisfactorias; de manera que la "investigación" arquitectónica como actividad reflexiva y crítica en consonancia con la teoría sobre el hacer, se dirige o tiene la tarea de pensar sobre la práctica. Entonces, esta teoría sobre el hacer ofrece una base objetiva a la "investigación", por lo cual, el cometido de la arquitectura ha de centrarse también en la reflexión de sus contenidos teóricos relacionados con el estudio de la producción de la forma.

Así, pueden abrirse muchas líneas temáticas sobre el mismo hacer, pero sin un fundamento teórico pueden volverse una actividad ciega. En consecuencia, se remarca que la "investigación" deberá estar originada en términos de reflexiones sobre la práctica por un lado y ser el vínculo con los contenidos teóricos por otro. Así, este espacio de reflexión crítica llamado "investigación" se fundamenta en la condición teórica del hacer arquitectónico.

Esta actividad o "investigación" sobre la arquitectura señala su estrecha relación con la realidad de la producción arquitectónica. Aquí, la reflexión provee los conceptos que orientan la praxis, es decir, que existe siempre un conjunto de conceptos subyacente a toda acción, pues dicha acción proviene de una secuencia de decisiones basadas en una valoración de circunstancias en juego; asimismo, dichas circunstancias se basan a su vez en la elaboración teórica. En consecuencia, será la "investigación" la actividad que ha de revelar cuestiones que acompañan a la realidad, pues en este acto de formular cuestiones, se revelan los conceptos e ideas y será luego la praxis la que responda a las exigencias formuladas por la reflexión.

De esta manera, se sugiere un estudio que cuestione un planteamiento teórico que implique un pensamiento referido a la praxis y a la elaboración de conceptos adecuados para comprenderla. Esto merece la atención, ya que dichos conceptos pueden aportar orientaciones útiles, así la noción de "investigación" se mira primero como una fuente de elaboración y reflexión crítica de los conceptos e ideas que emergen continuamente y luego como un campo de aplicación y experimentación en relación a la práctica. Ambos van forjándose en permanente diálogo con la realidad práctica que en cierto modo, es la que fuerza al pensamiento a elaborar los medios y a refinar y reformular los conceptos para entenderla y sustentarla. Por lo tanto, los principios dados en un espacio reflexivo se vuelven instrumentales y necesarios para la proyectación. En síntesis esta actividad se define como:

Teoría e Investigación Proyectual, su papel en la Producción Arquitectónica

En conclusión, se considera a esta actividad como el vínculo entre el proyecto y sus fundamentos teóricos, esto es que será un espacio de reflexión donde se establece un vínculo teórico-proyectual. Asimismo, funciona como un puente, como un espacio de transición cuyos pies están puestos en la acción y en la reflexión del diseñar. Por ello, se considera que el estudio y el conocimiento del mismo diseño arquitectónico se debe formular desde interrogantes que enfrenten al diseñador con la práctica, de manera que llegue a conocer las características particulares de su hacer. En esto, cabe señalar que estos cuestionamientos no sólo derivan de enfrentar reflexivamente al arquitecto con su hacer, sino de revisar también su enseñanza, es decir de indagar sobre cómo se enseña a diseñar.

Probablemente sea de esta manera como se lleguen a producir conocimientos sobre el diseño y su funcionalidad didáctica permita identificar las formas de utilización en relación a las actividades de aprendizaje. En consecuencia, se logre impulsar en el alumno la curiosidad y el afán por descubrir temas para investigar; y de esta manera, llegue a la reflexión crítica de los conceptos del proyecto arquitectónico, al análisis crítico de las obras y genere su transferencia al proyecto, asimismo desarrolle una visión crítica de los aspectos constitutivos y figurativos del espacio habitable desde la comprensión de su entorno social y cultural.

Bibliografía

Besse, Juan. *El diseño de la investigación como significante: exploraciones sobre el sentido*. Revista Bibliográfica de Geografía y Ciencias Sociales, Universidad de Barcelona, N° 148, 24 de marzo de 1999.

Heidegger, Martín. *El ser y el tiempo*. México D.F., Fondo de Cultura Económica, 1997.

Hierro Gómez, Miguel. *Apuntes del seminario: La investigación en el campo del diseño arquitectónico*. Facultad de Arquitectura. UNAM. 2002.

Ibáñez, Jesús. *Perspectivas de la investigación social: el diseño en las tres perspectivas. Métodos y técnicas de investigación*. 1era. reimpresión, 2da edición, Madrid, Alianza Universidad Textos, 1996.

Morin, Edgar. *Introducción al pensamiento complejo*. 1a. edición, Barcelona, Gedisa, 1995.

Norberg Schulz, Christian. *Intenciones en la arquitectura*. Barcelona, Gustavo Gili, 1998.

Waisman, Marina. *Al interior de la historia*. Reflexión y praxis, Bogotá, Escala, 1988.

Nota: En esta crítica, aunque no se citan textualmente los textos indicados en la bibliografía, se reconoce que han sido fuentes de algunas ideas que se han trasladado al campo de la investigación en el diseño y se identifican para alimentar el papel que busca la investigación como actividad reflexiva en la formación del arquitecto.

De la teoría

El papel de la teoría en la arquitectura

En el ámbito académico, generalmente se da respuesta a algunas cuestiones que giran en torno a la teoría, como la explicación de su relación con la producción arquitectónica desde un enfoque cultural concreto o desde las circunstancias y cuestiones del mercado actual, incluyendo los aspectos políticos, económicos, ideológicos y sociales. Asimismo, se profundiza en la producción social de la arquitectura, los modos de vida, las características del usuario y la habitabilidad. En otro sentido, se hace mención a una aplicación de la teoría en el diseño, implicando a un proceso metodológico y a la elaboración de un programa arquitectónico.

A partir de ello, se afirma que la teoría se entiende como una postura que desde una visión externa, explica a la arquitectura con todos sus factores y condiciones de producción. Sin embargo al analizar el papel que juega en la arquitectura, surgen algunas cuestiones que no están del todo claras, como son algunos aspectos que hacen referencia a su planteamiento, es decir, a la definición del término "teoría" y las condiciones que intervienen en su formulación. Si se busca indagar en aspectos epistemológicos habrá que cuestionarse, no sobre las nociones de la práctica profesional en sí, sino sobre la noción de teoría específicamente, en este sentido, es necesario determinar si se habla de la teoría como una condición universal o como la generación de estructuras teóricas particulares; por otro lado, resulta importante aclarar si la formulación de la teoría es dogmática o evoluciona.

Posteriormente, observamos que se genera una confusión sobre el papel que juega dentro del proceso formativo del arquitecto y se cuestiona su incidencia en la actividad proyectual. En este sentido, se habla de la relación de la teoría con la producción arquitectónica, dando a entender que se está refiriendo al objeto terminado como "producto" sin especificar aspectos de su proceso de producción. Aquí es donde existe otra confusión, se habla de una experimentación teórico-práctica y de una generación de metodologías aplicables en la práctica arquitectónica, sin proponer, explicar o generar muchas veces, los instrumentos que las vinculen. Por lo tanto, primero habrá que aclarar y responder algunas interrogantes, como son: ¿cómo se incide en el hacer desde una postura teórica? ¿Para qué? ¿Con qué fin? y ¿con qué instrumentos?

Es posible verificar que todavía no queda claro sobre qué se está hablando cuando se hace mención a la teoría, no se sabe si se habla de una teoría del objeto arquitectónico, de una teoría del diseño o de una teoría del hacer. En este caso, los planteamientos dados en la cátedra generalmente no dan respuestas al sentido de la teoría, dando pie a que se generen diversas confusiones. En este punto es posible hacer hincapié en los objetivos que pretende alcanzar la teoría en su enseñanza, cuando se busca que el alumno desarrolle e identifique no sólo una postura teórica, sino que genere una postura propia ante la arquitectura y derive de ella metodologías.

Se observa que en los planes de estudio se profundiza sobre las interacciones que pueden tener la teoría y otras disciplinas como la filosofía, la antropología, la sociología, la psicología ambiental, la ecología, la etnografía y la geografía. Sin embargo, en ocasiones se deja a un lado el papel que puede jugar la teoría con la historia, la crítica y la investigación; por lo mismo, no se hace alusión a la existencia de un vínculo entre ellas y no se aclara su papel e intervención en la formulación de estructuras teóricas; con ello se acentúa que hay relaciones y vínculos que no son explícitos.

Con todo esto, se manifiesta que algunos aspectos fundamentales para el entendimiento y formulación de la teoría en la arquitectura quedan ambiguos, dejando sentir que no hay claridad en lo que se dice, ni en lo que se busca. Por ello, es necesario responder o por lo menos hacer una aproximación a todas esas interrogantes, ya que si pensamos que la teoría se entiende como una tarea de reflexión profunda, entonces habrá que preguntarse ¿una reflexión sobre qué?

En este sentido, se analizan y detectan algunas carencias en su enseñanza, para incidir en la elaboración de estructuras más claras sobre su papel. Con esto se despiertan otras interrogantes que giran hacia el ¿cómo? ¿Con qué? ¿Para qué? y ¿desde dónde? con el fin de plantear otros modelos que ofrezcan respuesta a la problemática identificada y que permitan cumplir con los objetivos propuestos en el sentido formativo del alumno.

Para generar una aproximación a ello se propone un modelo que no pretende ser fijo, ni simular como paradigma; sino que se manifiesta como una propuesta abierta para responder de alguna manera a los puntos críticos antes identificados. En este caso, este modelo se justifica y se ofrece como una estructura que fundamenta, argumenta y sostiene la existencia del papel de la teoría en nuestra disciplina. Dicha estructura se sintetiza de la siguiente manera:

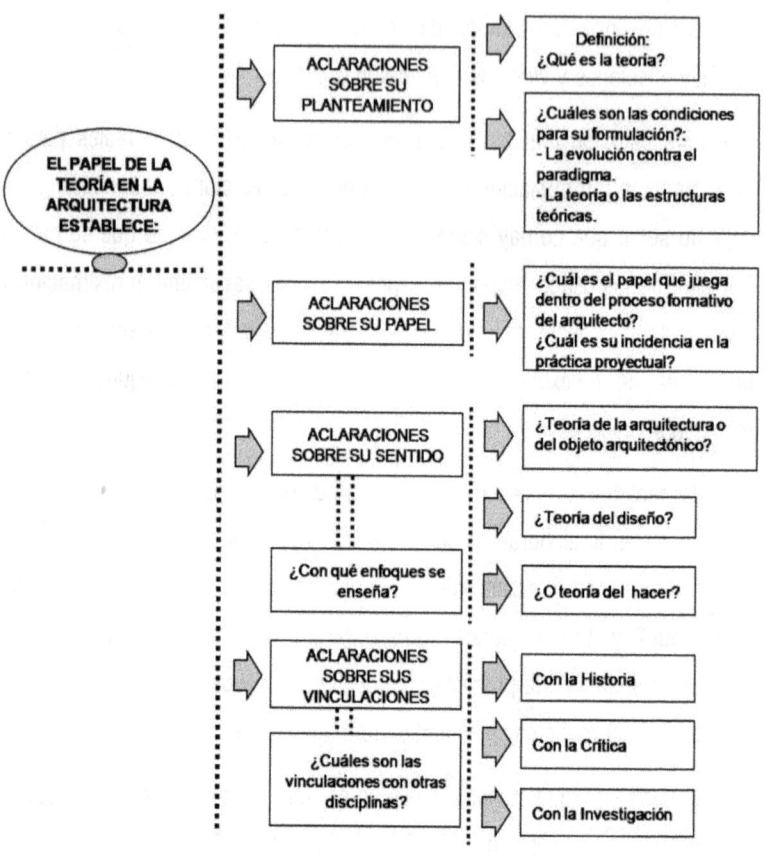

Aclaraciones sobre su planteamiento

¿Qué es la teoría?

Aquí, no se cuestiona sobre ¿qué es la arquitectura? como algo que se ha brindado de antemano, sino que la cuestión principal radica en ¿cómo actúa la teoría dentro del quehacer arquitectónico? ¿Cómo se piensa la arquitectura y se esboza una aproximación teórica?, ¿desde dónde? De esta manera, se observa que la teoría posee límites muy amplios e imprecisos que tienen que buscarse e identificarse, para generar un criterio preciso y aclarar su sentido.

En este caso, la teoría de la arquitectura exige y encuentra problemas derivados de las necesidades y exigencias prácticas de la arquitectura; problemas de orden constructivo, de utilidad y de función o de orden estético. Pero la teoría implica también la reflexión de su mismo proceso histórico, es decir de cómo se han originado y constituido las diferentes posturas teóricas y cuáles han sido sus procesos. Estas interrogantes sobre el papel que juega la teoría ante la arquitectura develan una actitud reflexiva sobre sus mismos contenidos, asimismo sobre estos medita, justifica y abstrae conceptos o ideas; en este caso, la teoría no sólo se refiere al objeto terminado o existente, sino que también se refiere al diseño, a su territorio y a su materia.

¿Cómo actúa entonces, la reflexión teórica con la arquitectura de su tiempo? ¿Cómo se hace la teoría? La teoría implica un análisis sobre lo edificado o lo no edificado. En este caso, sirve a la arquitectura como una superestructura de forma pasiva, es una demostración concreta de los puntos de vista y posiciones que pueden corroborarse en una conducción teórico–crítica o bien, puede ser producto de la relación entre teoría y práctica. Dentro de todo esto, se cuestiona sobre ¿cómo opera la teoría dentro de la producción de los objetos arquitectónicos? Es antes o después de su concepción.

Por un lado, se dice que la teoría siempre tiene un vínculo con la existencia de una obra en donde se indaga sobre su proceso, sobre su construcción no sólo física, sino también en la construcción intelectual de las ideas que la detonan. En este caso, la teoría tiene una ubicación espacio-temporal y contextual, es decir que si se da antes de la existencia física del objeto arquitectónico recibe de cualquier manera influencias de diversas posturas filosóficas.

Por otro lado, la teoría puede producirse a la par del objeto arquitectónico, en este caso, se darían las mismas influencias filosóficas e ideológicas que se ubican en un contexto y esquema espacio-temporal. La cuestión es ¿qué pasa cuando se da posterior a la presencia del objeto?, podría darse una interpretación del mismo objeto e indagar sobre sus postulados, sin embargo, sólo podría ser interpretativa porque no se ha seguido o palpado su procedimiento en su producción. Entonces, si no existen explicaciones o escritos del objeto podría surgir una teoría tendiente a la antropología, a la semiología o incluso a la sociología cuando se ve el contexto socio-histórico en el que se encuentra el objeto.

En este caso, se puede verificar que el papel de la teoría en la arquitectura tiene muchas aplicaciones e interpretaciones, pero más allá de esto, lo interesante es indagar en los principios que se generan en ésta, no para ser copiados, sino para ser interpretados y reformulados con miras a realizar nuevas propuestas referidas a una teoría del diseño arquitectónico.

Asimismo, no se puede limitar a la teoría como una actitud puramente reflexiva, ya que se coartaría su función propositiva, en este caso, la teoría en la arquitectura puede tener una función normativa y ser al mismo tiempo un puntal de la ideología arquitectónica de cada momento. Estas influencias ideológicas se infiltran en las propuestas teóricas, en sus posturas y en sus procesos históricos, no sólo para generar afirmaciones generales, sino también individuales y establecer a partir de ellas otras propuestas. En este sentido, la teoría se contempla como un elemento previsor y como producto de la conciencia e indagación sobre el diseño; además busca su validez histórica y contextual para ser explicativa, interpretativa y propositiva. La teoría exige así la comprensión de ideas y principios, y aplicada a la arquitectura viene siendo su fundamento.

Así, "la reflexión teórica, por medio de la cual se trata de comprender el quehacer arquitectónico, representa el medio de adquirir conciencia de sus distintos aspectos"[1]. En este sentido, toda la arquitectura es puesta en evidencia mediante dicha reflexión, ésta va sacando a la luz diversos aspectos del proceso y del hacer arquitectónico, es decir que por su misma existencia implica la toma de conciencia de una postura.

¿Cuales son las condiciones para la formulación de la teoría?

La primera condición que se advierte en la formulación de la teoría es la aclaración de su sentido de evolución contra el paradigma. Esto implica que en cualquier momento y de cualquier forma que se genere la teoría, existen en ella los paradigmas, postulados o principios que la rigen y que se ubican como cánones que se siguen o se continúan. Estos modelos teóricos son aplicados a los edificios que los promueven, sin embargo es posible decir que se encuentran en la forma de producción del objeto, en la forma de pensar el objeto y en las ideas que dominan la producción de la forma, por ello, contrariamente tendrían que ser motivo de evolución y ruptura.

Esto se señala porque la formulación de las teorías no debería ser dogmática, sino que dichas estructuras teóricas se podrían presentar como propuestas abiertas a la búsqueda, a la reflexión y a la crítica. En este sentido, la teoría se entiende como la actividad intelectual y de búsqueda sobre la configuración

---

[1] Waisman, Marina. La estructura histórica del entorno. Buenos Aires, Nueva Visión, 1985, p.61.

de la forma, donde se pueden englobar los problemas planteados sobre el conocimiento del diseño para transformarlos en su contenido tácito, con el fin de que se fragüen propuestas y estructuras conceptuales diversas. Por lo tanto, la formulación de posturas teóricas busca romper con dogmatismos para cuestionar, replantear y generar a partir de ellas, nuevos fundamentos y con ello afirmar su sentido de evolución. Se trata entonces, no solo de hablar en el sentido de una doctrina como un sistema de respuestas, sino también de cuestionar y formular las preguntas sobre sus principios.

En ello, se advierte que no se debe aceptar un estancamiento conceptual, por esta razón, el desarrollo de la teoría en la arquitectura no permite su reducción a fórmulas que buscan erróneamente estancarse en un dogma, ya que sus fuentes y enfoques son múltiples. Aquí cada sistema teórico ha de ser medido según sus propios objetivos, habrá que preguntarse qué busca y a quién está destinado[2]; en este sentido, las propuestas que se presentan como teoría de la arquitectura, intentan integrar diversas categorías que evolucionan, ya sean estéticas, sociales o prácticas.

Por otro lado, una segunda condición que se advierte en la formulación de una estructura teórica se refiere a la aclaración sobre si existe una teoría de la arquitectura como tal, insinuando que es genérica y universal; o bien, existen estructuras teóricas particulares con diversidad de enfoques. En este sentido, en la teoría se van conquistando nuevos territorios, ésta no sólo cumple un papel normativo, sino que puede contener ideologías fundamentadas y actuar en el territorio de la arquitectura de acuerdo a su contenido; en este caso, se

---

[2] Kruft Hanno, Walter. Historia de la Teoría de la Arquitectura. Tomo 1, Alianza, Madrid, 1990, p. 14.

presume una diversificación de teorías que pueden enfocarse de diversas maneras.

Con ello, se señala que no existe una teoría de la arquitectura como tal, que busca o pretende un sentido universal, sino que se generan estructuras teóricas con una diversidad de enfoques, tendencias y posturas. Entonces, más que hablar de "una teoría de la arquitectura", se hace referencia a teorías de la arquitectura o mejor aún a las "estructuras teóricas" en la arquitectura, formadas desde un enfoque particular.

Aclaraciones sobre su papel

¿Cuál es el papel que juega dentro del proceso formativo del arquitecto? Y ¿Cuál es su incidencia en la práctica proyectual?

La teoría exige la comprensión de ideas y conceptos, asimismo la elaboración o formulación de fundamentos; en este sentido, es imprescindible para el arquitecto en formación y ejercicio, buscar una claridad respecto a los principios con los que trabaja. Como lo señala Kruft, "para la comprensión del sentido intrínseco de la arquitectura, es de gran importancia, conocer en cada momento su fundamento teórico y saber en cada caso cómo se ha accedido a ese fundamento"[3].

Este cimiento puede tener connotaciones causales, donde el arquitecto en formación o en ejercicio entra en discusión con esquemas teóricos anteriores para establecer sus propios puntos de partida; de otra manera, una arquitectura sin fundamento teórico podría ir en camino de la arbitrariedad. En este sentido, la reflexión teórica medita, justifica y abstrae los principios de lo

---

[3] Ibid, p.17.

edificado, entonces el rol de la teoría oscila entre dos polos, una superestructura de la arquitectura y una demostración concreta de sus fundamentos, de manera que se ofrecen armas a lo práctico.

La teoría incide así, en la formulación de ideas, de conceptos, de redes ideológicas, de tendencias y de estilos; asimismo ayuda a conseguir una experiencia más consciente y profunda de la arquitectura. Un análisis teórico facilitaría el conocimiento de la organización formal de las obras y nos enfrentaría a los tópicos que orientan la conformación del objeto. Sin embargo, para lograrlo se requiere de una profundización sobre los conceptos utilizados al describir los resultados.

"La teoría de la arquitectura, por lo tanto, no puede tomar la experiencia directa como punto de partida"[4], sino que tiene que estar basada en un conocimiento donde se establecen los conceptos que describen a la forma. De esta manera, la teoría puede pretender incidir en el arquitecto al proyectar, al prever, al comparar y al criticar. En este caso, se acentúa que la teoría y la experiencia no se sustituyen mutuamente, sino que se ayudan entre sí.

La teoría abarcaría la reflexión sobre los conceptos referidos al campo del diseño, estos pueden presentarse como cuerpos o estructuras que funcionan como nuevas propuestas. Así, se ofrecen al arquitecto para profundizar en la elaboración y comprensión de fundamentos o principios de diseño. El objetivo de estas estructuras es investigar y proporcionar los medios conceptuales para explicar y reflexionar sobre la actividad, el objeto y el diseño, con ello, se señala que el arquitecto ha de aprender en su oficio todo lo que se implica al diseñar, al igual que tendrá que aprender a usar el repertorio formal e

---

[4] Norberg Schulz, Christian. Intenciones en la arquitectura. Barcelona, Gustavo Gili, 1998, p. 57.

identificar los procesos; de manera que, su hacer y su formación vincularían a una parte teórica y otra práctica.

Por otro lado, Waisman señala que las teorías de los arquitectos, por su parte, deberían leerse siempre a la luz de sus obras, pues en ocasiones, aún cuando tomen la forma de afirmaciones dogmáticas, no son sino aproximaciones generales a su rumbo profundo.[5] Estas son indicaciones sobre los temas con los cuales está trabajando, en este sentido, las teorías son el reflejo del pensamiento del arquitecto que actúa como transmisor de tendencias culturales al interior del territorio del diseño.

De esta manera, la incidencia del pensamiento teórico se gradúa desde una escala de valores a una reflexión sobre el cómo y para qué. Aquí se llega a un aspecto clave: ¿cómo se enseña y cómo se aprende la teoría? en un intento por comprender como se puede incidir en el hacer proyectual. Por ello, se cuestiona ¿cuál será el modo de enseñar y aprender lo arquitectónico?[6] ¿Será necesario "educar-se" antes de construir? La idea de una enseñanza de la arquitectura parte de su posibilidad, es decir de pensar la arquitectura como disciplina y por ello es transmisible. La teoría sitúa la realidad de una arquitectura que es vista a través de múltiples ópticas, sin embargo la arquitectura no sólo se explica y aprende por el que mira, recorre y vive una obra, sino que a esto se le suma una condición conceptual y fundamental de la obra.

---

[5] Waisman, Marina. La estructura histórica del entorno. Buenos Aires, Nueva Visión, 1985, p. 190.
[6] Martín Hernández, Manuel J. Invención de la arquitectura. Madrid, Celeste, 1997, p. 20.

Aclaraciones sobre su sentido

Teoría del objeto

Por todo esto, habrá que preguntarse ¿con qué enfoques se presenta y se enseña la teoría? para sugerir algunas exploraciones sobre su sentido. En este caso, se cuestiona en primera instancia a la llamada teoría de la arquitectura o teoría del objeto arquitectónico. Si se toma a la teoría del objeto arquitectónico como tal, es necesario primero saber de qué objeto se está hablando, porque se corre el riesgo de tomar sólo lo típico, lo que sólo es válido para un tipo de objeto como rasgo o elemento del diseño en general. En este sentido, se tratan diferentes niveles de rasgos que pueden ser infinitos, cuyas ejemplificaciones en objetos arquitectónicos pueden hacer patentes algunos rasgos o contenidos, pero no determinan la teoría del diseño en sí.

En este caso, la teoría sobre el objeto arquitectónico cobra diversos enfoques o significados, se resuelve mediante la producción de propuestas analíticas y se genera la lectura de los objetos para establecer ciertos rasgos patentes o cualitativos; o se inclina hacia la valoración del objeto arquitectónico por un sentido patrimonial, estilístico o histórico. En ambos casos, se da la clasificación de los objetos en una variación de modos, se pueden clasificar por su lenguaje, por su estilo, por su tendencia, por su función, por el periodo histórico en el que se identifican o por su condición formal.

De esta manera, se observa que cada factor se vuelve no sólo el sentido del análisis del objeto, sino también el sentido de su agrupación; en este caso, la teoría se entiende muchas veces como la búsqueda de una adecuación a lo establecido y no busca transformar los principios o fundamentos para hacer problemático lo que hasta entonces se había considerado axiomático. Asimismo, se puede mencionar que las estructuras teóricas de la arquitectura contienen un título más amplio y conceptual y no deben limitarse sólo a la reseña esquemática e informativa de casos y objetos, por ello es necesario revisar lo que dichas estructuras pueden tener hoy para el arquitecto.

Con esto, se deja sentir que la "teoría del objeto arquitectónico" no incorpora a todos sus referentes, ni a todos los objetos y en muchos casos, ni siquiera los más inmediatos. Asimismo, podría inclinarse más a los elementos de la arquitectura y a los factores que la determinan como los materiales, el contexto y los problemas genéricos de su función, que a los fundamentos, conceptos y principios que la sustentan. Es curioso señalar que se habla de una "teoría de la arquitectura" que estudia a los objetos, sin pensar que ésta se ofrece más que nada como una reflexión crítica entorno a los discursos y fundamentos en la elaboración de los objetos. Con esto, se da pauta a la noción que se presenta a continuación.

La teoría del diseño

En primera instancia, cuando se habla de una teoría del diseño se hace referencia a sus fundamentos y su intención es clarificar su proceder o cómo llegar al objeto. En este sentido, Hierro hace una propuesta que habla del diseño a través del proceso de proyectación y valoración de los resultados; "aquí, se pretende que el diseñador identifique el campo en el que actúa, la naturaleza de los materiales con que trabaja, las condiciones y determinaciones de su ejercicio y, sobre todo, que identifique los contenidos y las manifestaciones de su propia forma de racionalidad".[7] Así, habría que hablar de estructuras

---

[7] Hierro Gómez, Miguel. "Dos objetos de estudio en una aproximación teórica". Curso de apoyo a la docencia: La investigación en el campo del diseño, F/A, UNAM, 2002.

teóricas sobre el diseño, donde se considera que el proceso constituye un objeto de estudio, asimismo, se implica que las reflexiones sobre él son siempre acerca de la manera de actuar o sobre la práctica.

Sin embargo, "una teoría del diseño que, para ser teoría, no sepa independizarse de todos los tipos concretos de objetos, será una teoría del diseño de esos objetos, pero no una teoría general del diseño"[8]; en este caso, se puede advertir su modalidad específica, la manera mediante la cual se efectúa (su proceso) y la realidad en la que se aplica; asimismo, se señala que una estructura teórica sobre el diseño se refiere a una teoría que habla del diseño en sí, sin referirse a los objetos, sino a los fundamentos, a su proceso y a su campo de acción.

Así, proponer una estructura teórica sobre el diseño arquitectónico ayuda a comprender mejor cómo se hace o se lleva a cabo el acto del diseñar. De esta manera, la teoría exige cierto nivel de abstracción prescindiendo de casos concretos en los que los conceptos se hacen patentes. Por ello, una estructura teórica así conformada, exige que se dejen a un lado los objetos específicos, para concentrarse en lo que quiere decir "diseño" en todos los sentidos y de todas las maneras.[9]

Aquí, cabe aclarar que se habla de una estructura teórica sobre el diseño que contempla los factores o fundamentos generales para su comprensión, más no se habla de una teoría universal del diseño, ya que esta última caería en un dogmatismo. En este sentido, dicha estructura busca indagar en cómo han

---

[8] Ramírez, José Luis. "La teoría del diseño y el diseño de la teoría". Astrágalo, cultura de la arquitectura y ciudad, geometrías de lo artificial, arquitectura y proyecto, Celeste, Madrid, núm. 6, abril, 1997, p. 1.
[9] Ídem.

sido elaborados los productos y mostrar la manera en cómo el diseñador llega al objeto y a su solución formal. Es entender el diseño y comprender cómo se realizan construcciones materiales de diferentes géneros a partir de propuestas teóricas y expresivas con fundamentos diversos; por eso, no será posible hablar de una teoría del diseño que no abarque "el diseño de su propia teoría".[10] Esto afirma que una estructura teórica sobre el diseño que no advierte el diseño de su teoría, deja de ser una teoría crítica para volverse un dogma o un modelo determinado. Entonces, si se hace referencia a una propuesta teórica "abierta", se puede decir que transmite y enseña un conocimiento, no como una propuesta cerrada, sino que muestra claramente lo que es el diseño desde un enfoque particular.

Teoría del hacer

Por otro lado, es posible señalar que también se vincula a la teoría con el hacer, de manera que se entiende como la teoría del diseñar. Como lo señala Stroeter, "la teoría de la arquitectura, es sin duda, la reflexión sobre el acto de hacer arquitectura, con todas sus implicaciones y en sus tres tiempos, pasado, presente y futuro. Es el reflexionar sobre el hacer, en un metalenguaje, un "teorizar sobre""[11]. Es posible cuestionar esta postura y señalar que si se va a teorizar sobre el hacer, antes que nada se deben identificar los aspectos del mismo hacer.

Posteriormente, Stroeter menciona que "la teoría arquitectónica es la rama de la filosofía que tiene una simple finalidad cognitiva y no constituye una guía para el trabajo profesional (...) el teórico de la arquitectura desea comprender

---

[10] Ídem.
[11] Stroeter J., Rodolfo. Teorías sobre Arquitectura. 2ª reimpresión, México D.F., Trillas, 1999, p. 17.

el trabajo del arquitecto no para inferir o intervenir en su obra, sino para satisfacer un interés intelectual autónomo".[12] De esta manera, se determina la clave de la contradicción, en primer lugar se acentúa que es posible separar la teoría con las consideraciones prácticas de la arquitectura, de manera que la teoría sólo estaría enfocada al análisis filosófico de la arquitectura y por otro lado, no se aclara si existe un vínculo entre la teoría y la práctica. Señala primero, que la teoría es la reflexión sobre el hacer y en otro sentido, se desdice señalando que es una construcción autónoma e independiente de la praxis ¿qué ocurre entonces?

Aquí, se puede señalar que la praxis no debiera entenderse como una oposición a la teoría en nombre de un empirismo irreflexivo carente de fundamento como lo señala Argan[13]; entonces ¿es necesaria una teoría sobre la praxis o sobre los fundamentos de la praxis? Probablemente este vínculo teoría-praxis lleve a conexiones más profundas que sólo entender la praxis por la praxis, como si fuera completamente independiente, y la teoría por la actividad teórica o cognitiva también autónoma. Esto significa que tanto la teoría como la praxis están involucradas en la actividad del arquitecto y si se entienden en su conjunto como una unidad, se tiene que:

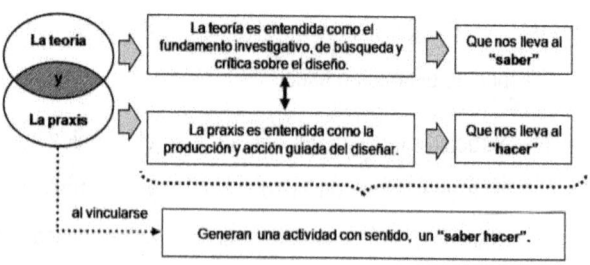

---

[12] Ídem.
[13] Argan, Giulio Carlo. El concepto del espacio arquitectónico desde el barroco hasta nuestros días. Buenos Aires, Nueva Visión, 1984, p. 102.

Aquí, se cuestiona lo siguiente, ¿la praxis por sí misma, encuentra su propio sentido? La respuesta es negativa porque la praxis es una acción instrumental que se efectúa para alcanzar un fin previsto, dicho fin conlleva su propia parte teórica en la que se fundamenta para encontrar su sentido. Con esto, se puede decir que la práctica arquitectónica por sí misma, no es una acción con sentido propio; sino que es pura "acción" que si no busca su sentido "teórico" se podría volver arbitraria. De esta manera, se señala que el sentido teórico no apunta directamente al hacer o a la práctica, no se ocupa de la actividad del "diseñar", sino se aboca a la búsqueda de sus fundamentos en una reflexión sobre el diseño. Por ello se cuestiona la noción sobre la "teoría del hacer".

En este caso, la razón teórica no anula a la práctica, sino la fundamenta y la amplía, la estructura teórica del diseño, en este sentido no trata de lo verdadero como dogma, sino de lo cualitativo del objeto, del qué y del cómo. Por lo tanto, se puede entender como una actividad de conocimiento sobre el diseño en sí, pero no separada de su producción práctica, en el sentido de que se cuestiona sobre ésta, es decir, ¿con qué proceso?, ¿con qué conceptos?, ¿con qué fundamentos? se ha llegado al objeto.

Con ello, se acentúa que una estructura teórica del diseño, no sólo exige saber el qué, el cómo y el porqué, sino también exige saber, sobre qué o desde dónde. En conclusión, se puede ver que la palabra "teoría" oscila entre dos ámbitos, como lo señala Ramírez[14]:

---

[14] Ramírez, José Luis. "La teoría del diseño y el diseño de la teoría". Astrágalo. Celeste, Madrid, núm. 6, abril, 1997, p.3.

a) En una actividad reflexiva que conduce a la construcción o formulación de ciertas estructuras teóricas como sistemas ordenados de presupuestos.

b) En un sistema ordenado de presupuestos que pueden acumularse, transmitirse y ser objeto de enseñanza; fundamentos para la actividad.

De cualquier manera, se observa que la teoría y la práctica sugieren un vínculo y un origen mutuo, donde se aclara que la teoría en realidad, no surge de la actividad, sino que surge de los fundamentos del hacer, así se convierte en el origen de la práctica, asimismo, puede ser retroalimentada en el mismo ciclo de la experiencia.

Aclaraciones sobre sus vinculaciones

¿Cuáles son sus vinculaciones con otras disciplinas, como la historia, la crítica y la investigación?

Hay circunstancias históricas actuales que motivan y dan razón de ser al término "teoría(s) de la arquitectura". En este caso, las estructuras teóricas sobre la arquitectura no cobran significados constantes a través del tiempo, esto quiere decir que no son entendidas por definiciones o presupuestos fijos que no cambian o se modifican históricamente; si fuera así se caería en un equívoco al considerar que los procesos productivos de la misma arquitectura siguen siendo iguales, sin transformaciones fundamentales. En este sentido, puede observarse que entre la teoría y la historia existe un vínculo indisoluble porque los mismos cambios en la forma de producción, en las cualidades de los productos, en su fabricación y en su consumo, han producido otra escala de demandas sociales y con ello, se ha visto una nueva manera de fabricar objetos para responder a estas nuevas condiciones productivas. A esta idea de "progreso" se le adhiere una transformación social, cultural, política, económica, ideológica e histórica, podrá entenderse entonces, a la "teoría de la arquitectura" como una historia de la reflexión sobre la arquitectura, donde el proceso histórico está implicado y ha de aprenderse desde sus premisas.

Con ello, se implica un referente teórico e histórico para explicar no sólo las condiciones de existencia del objeto, sino para explicar las causas de su producción. En este sentido, no es posible aislarse de la relación que existe entre la elaboración de una propuesta teórica y la tradición arquitectónica, ya que la primera resulta de una consciencia del pasado disciplinar y de analizar un material histórico. La teoría en sí es una construcción que se da en el devenir de la historia y por ello, son difícilmente separables. Así una teoría alejada de su contexto histórico puede parecer carente de sentido, lo que interesa es saber bajo qué circunstancias y en qué contexto fue formulada.

Otro vínculo que se advierte es el de la teoría con la crítica, donde según Montaner "no hay crítica sin teoría, pero tampoco tiene sentido la teoría sin la crítica de la obra"[15]. Esto señala una condición básica sobre la reflexión teórica y es que no tiene un sentido autónomo, si fuera así, se convertiría en un argumento sin sentido; por ello, se enfatiza que la teoría, la historia, la crítica y la investigación "a pesar de utilizar métodos distintos y tener objetivos propios, beben de las mismas fuentes"[16]. Podría deducirse entonces, que ninguna de estas es independiente, sino que se vinculan y se comunican para establecer puentes en diversos sentidos, ayudando a formular nuevas ideas y conceptos.

---

[15] Montaner, Josep María. Arquitectura y crítica. Gustavo Gili, Barcelona, 1999, p. 22.
[16] Ibid, p.23.

Por lo tanto, el papel de la teoría no es tanto teorizar sobre la obra, sino también reconducir estos flujos continuos entre teoría y crítica, entre teoría e historia, entre teoría e investigación. En este caso, en la última vinculación existe siempre una pregunta expresa, esa que interroga por el sentido y el ser de las cosas; en el ámbito de la arquitectura, nos preguntamos por el sentido del diseño y de su teoría, como dice Heidegger, para que "se llegue a "ver a través de ella" adecuadamente"[17]. Con esto, se genera un vínculo importante, ya que todo preguntar es un buscar y todo buscar tiene su dirección previa, esta dirección viene con lo que indagamos, como ya vimos, "preguntar es buscar, conocer "qué es" y "cómo es""[18]. Esta pregunta que investiga es específicamente teórica, es decir que trata de determinar y traducir en conceptos aquella temática que se pone en cuestión.

En este caso, se deben formular las interrogantes sobre el sentido de las cosas, por lo que, si aplicamos esto al caso del diseño habrá que establecer una investigación sobre su sentido, para aclarar el fenómeno desde sus principios; entonces se hace o se produce la teoría con el fin de dar claridad al concepto de diseño arquitectónico y a los modos de entenderlo.

---

[17] Heidegger, Martín. El ser y el tiempo. México D.F., Fondo de Cultura Económica, 1997, p. 14.
[18] Ídem.

Bibliografía

Argan, Giulio Carlo. *El concepto del espacio arquitectónico desde el barroco hasta nuestros días.* Buenos Aires, Nueva Visión, 1984.

Heidegger, Martín. *El ser y el tiempo.* México D.F., Fondo de Cultura Económica, 1997.

Hierro Gómez, Miguel. *"Dos objetos de estudio en una aproximación teórica".* Curso de apoyo a la docencia: La investigación en el campo del diseño, F/A, UNAM, 2002.

Kruft Hanno, Walter. *Historia de la Teoría de la Arquitectura.* Tomo 1, Alianza, Madrid, 1990.

Martín Hernández, Manuel J. *Invención de la arquitectura.* Madrid, Celeste, 1997.

Montaner, Josep María. *Arquitectura y crítica.* Gustavo Gili, Barcelona, 1999.

Norberg Schulz, Christian. *Intenciones en la arquitectura.* Barcelona, Gustavo Gili, 1998.

Ramírez, José Luis. *"La teoría del diseño y el diseño de la teoría".* Astrágalo, cultura de la arquitectura y ciudad, geometrías de lo artificial, arquitectura y proyecto, Celeste, Madrid, núm. 6, abril, 1997.

Stroeter J., Rodolfo. *Teorías sobre Arquitectura.* 2ª reimpresión, México D.F., Trillas, 1999.

Waisman, Marina. *La estructura histórica del entorno.* Buenos Aires, Nueva Visión, 1985.

De la teoría a la práctica arquitectónica, el vínculo y el instrumento

En este tema se cuestiona en principio la desvinculación que existe entre la teoría y la práctica en el ámbito arquitectónico, por ello, la preocupación se centra en el ámbito académico, donde actualmente, es muy común encontrar proyectos con argumentos carentes de contenidos y la explicación de la práctica se aleja cada vez más de un sustento teórico. Así, se va perdiendo el sentido medular de esta vinculación pensando que teoría y práctica son dos condiciones autónomas en el ámbito arquitectónico.

Como lo señala Fernández, "el análisis del hecho arquitectónico como producto de una teoría y una praxis es totalmente marginada"[19]. Actualmente, se mantienen los valores permanentes de la forma sin disputar que es una estructura que deviene de un contenido interno, de tal manera que el alumno se muestra ambiguo sobre su mismo hacer proyectual. Asimismo, se generan arquitecturas emotivas suscitadas por ideas de seducción y subjetividad no controlada para llegar a "caprichos formales"; se generan arquitecturas del detalle que albergan la vigencia de métodos constructivos "eficaces" para salvaguardar su consumo y señalar una preocupación económica y de mercado; o bien se generan arquitecturas análogas que se inspiran o se "copian" de modelos ajenos a cada cultura. Todo ello, sin entender que la teoría exige la comprensión de ideas y la elaboración de fundamentos que guíen el sentido del hacer arquitectónico.

Como lo señala Kruft, "para la comprensión del sentido intrínseco de la arquitectura, es de gran importancia, conocer en cada momento su

---

[19] Fernández Alba, A. El Diseño entre la teoría y la praxis. Barcelona, Colegio de Arquitectos de Cataluña y Baleares, 1971, p. 47.

fundamento teórico"[20], en donde el arquitecto en formación o en ejercicio, establece sus puntos de partida. En este sentido, se entiende que es en la reflexión teórica donde se justifica, se abstrae y se indaga sobre los principios del diseño arquitectónico. La teoría de la arquitectura no puede tomar la experiencia directa como punto de partida[21], sino que tiene que estar basada en un conocimiento, donde se establecen los conceptos que describen a la forma, así se acentúa que la teoría y la experiencia se alimentan entre sí.

Entonces, la reflexión teórica abarca el campo del diseño y su organización puede presentarse como una serie de estructuras teóricas que funcionan como nuevas propuestas que motivan al arquitecto a profundizar en su desarrollo como tal. Así, el objetivo de la teoría se encamina a investigar e indagar sobre los fundamentos del diseño para proporcionar los medios conceptuales y poder explicar desde ahí la actividad y la formación del objeto. Como lo acentúa Waisman, las teorías de los arquitectos, aún cuando tomen la forma de afirmaciones dogmáticas, no son sino aproximaciones generales a su rumbo profundo[22]. En este sentido, las posturas teóricas son reflejo del pensamiento e influencias que recibe el arquitecto y de manera consciente las debe identificar.

Así, se esboza el tema central de este estudio, que trata del traslado de la teoría a la realidad práctica en el campo del diseño arquitectónico, identificando en ello al vínculo y al instrumento que las interrelaciona. En este sentido, se generan varias interrogantes: ¿cómo podemos pensar la realidad arquitectónica?

---

[20] Kruft Hanno, Walter. Historia de la Teoría de la Arquitectura. Tomo 1, Alianza, Madrid, 1990, p. 17.
[21] Norberg Schulz, Christian. Intenciones en la arquitectura. Barcelona, Gustavo Gili, 1998, p. 57.
[22] Waisman, Marina. La estructura histórica del entorno. Buenos Aires, Nueva Visión, 1985, p.190.

¿Cuál es el papel del trabajo teórico en el desarrollo de la práctica proyectual? y mas aun ¿cómo podemos realizar este traslado? Aquí, podrían discutirse cuestiones metodológicas diversas, pero más allá de esto se propone un acercamiento hacia el tema de la teoría y el diseño arquitectónico desde su vinculación.

El vínculo

El binomio teoría-práctica

Para dar pie a esta indagación, se inicia por responder a las siguientes preguntas: ¿qué es la teoría? ¿Cómo actúa en el ámbito arquitectónico? y ¿en qué sentido? Con el fin de advertir la presencia del vínculo que adquiere con la práctica. ¿Cómo pensamos la arquitectura? ¿Cómo podemos esbozar una aproximación teórica? y ¿desde dónde? La teoría posee límites muy amplios, por eso es necesario identificar un criterio preciso. En este caso, la teoría de la arquitectura exige y encuentra problemas derivados de las necesidades y exigencias prácticas de la arquitectura e igualmente, propone y analiza las problemáticas derivadas del sentido de la habitabilidad. Pero la teoría implica también, como lo vimos, la reflexión histórica, es decir cuestiona cómo se han constituido las diferentes posturas y analiza cómo han evolucionado; estas interrogantes sobre el papel que juega la teoría ante la arquitectura develan una actitud reflexiva sobre sus mismos procesos y contenidos, asimismo sobre estos medita, justifica y abstrae conceptos.

La teoría entonces, no sólo se refiere al objeto terminado o existente, sino que también se refiere al diseño, a su territorio y materia. De manera que al cuestionarnos sobre ¿cómo se hace la teoría? y ¿cómo actúa en la arquitectura? sabemos que ésta implica una reflexión que medita sobre lo edificado o no edificado y sirve a la arquitectura como una demostración concreta de los puntos de vista y posiciones que pueden corroborarse en una conducción teórico–crítica y como producto del binomio teoría-práctica.

En este caso, las estructuras teóricas pueden producirse antes, a la par o después de la presencia del objeto arquitectónico; sin embargo, en esto no radica su formulación, ya que la interpretación del objeto está en indagar y reflexionar sobre sus postulados y en el procedimiento que se siguió para llegar a su elaboración, hablando en materia de diseño. Sin correr el riesgo de alejarse de lo que nos ocupa, es posible notar que el papel de la reflexión teórica en la arquitectura tiene muchas aplicaciones e interpretaciones, pero más allá de esto, lo interesante está en analizar los principios bajo los cuales se formula.

De esta manera, no se limita a la teoría de la arquitectura como una actitud puramente reflexiva sobre los objetos, ya que se coartaría su sentido propositivo. En este caso, la teoría se contempla como un elemento previsor y como producto de la conciencia e indagación sobre el diseño, además busca su validez histórica y contextual para ser explicativa, interpretativa y propositiva. La teoría exige así, la comprensión de ideas y principios que al ser aplicados a la arquitectura se convierten en su fundamento. Ésta por su misma existencia implica la toma de conciencia de una posición; así "la reflexión teórica, por medio de la cual se trata de comprender el quehacer arquitectónico, representa el medio de adquirir conciencia de sus distintos aspectos"[23]. En este sentido, toda la arquitectura es puesta en evidencia y mediante su reflexión va sacando a la luz sus diversos principios.

Con esto, se da pauta para cuestionar ¿por qué se hace referencia a una teoría de la arquitectura o teoría del objeto arquitectónico y no a sus contenidos específicos? Esto se debe a que, si se tomara la teoría del objeto arquitectónico como tal, se corre el riesgo de tomar sólo lo que es válido para una serie de objetos, como antes se señaló. En este caso, la teoría sobre el objeto arquitectónico cobra diversos enfoques para formularse desde otras disciplinas quedando como una esfera abstracta y lejana del hacer y se inclina hacia la valoración del objeto arquitectónico por otros sentidos. Con esto, se deja ver que "la teoría del objeto arquitectónico" se inclina más a los factores externos que la determinan que a los fundamentos y principios que la sustentan. Por ello, aquí se habla de una "teoría de la arquitectura" que se ofrece como una reflexión crítica en torno a los discursos y fundamentos en la elaboración de los objetos.

A partir de esto, se da pauta a la siguiente interrogante: ¿por qué no hablar de una teoría del diseño? En primera instancia cuando se habla de ésta, se hace referencia a los fundamentos del diseño con la intención de clarificar su proceder, esto es explicar cómo se llega al objeto. En este sentido, se busca generar propuestas que hablen del diseño a través del proceso de proyectación y valoración de los resultados, donde se pretenda que el diseñador identifique la naturaleza de los materiales con los que trabaja, las condiciones que inciden en su ejercicio y sobre todo, identifique los contenidos y las manifestaciones que cobra su expresión. Así, habría que

---

[23] Waisman, Marina. La estructura histórica del entorno. Buenos Aires, Nueva Visión, 1985, p.161.

hablar de estructuras teóricas sobre el diseño, donde se considere el proceso del diseño y las reflexiones sobre la manera en cómo actúa el arquitecto[24].

En este caso, se puede advertir la manera mediante la cual, el objeto y el proyecto efectúan sus procesos, aunque sean autónomos en ese sentido. La teoría enfocada en estos aspectos ayuda a comprender mejor cómo se hace o se lleva a cabo el acto del diseñar. De manera que se exige por un lado, cierta abstracción para generar los conceptos y por otro lado, el traslado de dichos conceptos a la producción de los objetos y a la elaboración de la forma en el proyecto. Así, cabe aclarar que se habla de una estructura teórica que contempla los fundamentos generales para su comprensión y nos lleve a entender cómo han sido elaborados los productos. Entonces, podremos debatir sobre las propuestas teóricas que profundicen en su origen y que muestren el esquema de su propia teoría[25]; ya sea tras bases metodológicas, estrategias proyectuales o contenidos sustanciales que nos revelen, no sólo qué es el diseño arquitectónico y con qué materiales trabaja, sino también establezcan, cómo se piensa la arquitectura. Apuntando con ello, hacia un encuentro con los materiales que se ven concebidos en los proyectos y expresados en los objetos.

Como lo señala Gregotti: "la arquitectura está hecha de materias dispuestas con cierto orden para determinado fin, el de habitar; y el grado de significación de este orden se revela en la forma"; esta noción de material "se

---

[24] Hierro Gómez, Miguel. "Dos objetos de estudio en una aproximación teórica". Curso de apoyo a la docencia: La investigación en el campo del diseño, F/A, UNAM, 2002.
[25] Ramírez, José Luis. "La teoría del diseño y el diseño de la teoría". Astrágalo, cultura de la arquitectura y ciudad, geometrías de lo artificial, arquitectura y proyecto, Celeste, Madrid, núm. 6, abril, 1997, p.1.

refiere a la historicidad de las materias con que trabaja la arquitectura"[26]. Es en suma, imaginar que la arquitectura está dotada de propiedades, de contenidos que pueden ser explicados en base a una teorización sobre su composición, sobre su sentido estético, sobre su sentido espacial, ambiental, constructivo y contextual.[27] Por ello, esta materialidad arquitectónica no sólo se identifica como cualidad o como atributo del objeto o del proyecto, sino también como elemento conceptual que sirve para identificarlo y explicarlo.

Es aquí, donde se responde a ¿cómo se genera el vínculo entre la teoría y la práctica? y ¿en dónde se ubica? Pues ya se deja ver que está en la formulación de estructuras teóricas que llevan al encuentro de la materia con la que se trabaja en el diseño arquitectónico. Esta materialidad, como la llama Gregotti, actúa como un pliego de condiciones del diseño, de la cual se puede partir para proyectar, para leer los objetos y para entender su condición expresiva. Entonces, es posible formular cuerpos teóricos que promocionen lo que es el objeto arquitectónico, en una actitud explicativa de sus propiedades y sus cualidades. En ese sentido, se tiene una teoría que funciona como un diagnóstico que permite entender la esencia del diseño, sus causas primeras, sus principios y sus postulados. Por otro lado, en este acercamiento a los contenidos arquitectónicos se detecta el vínculo y se presume el traslado a la realidad práctica; de esta manera ya se puede hablar del binomio teoría-práctica.

En sí, es una manera de vincular la teoría con el hacer, "Hegel concibió la arquitectura como un arte simbólico, tanto por su modo de representación

---

[26] Gregotti Vittorio, et. al. Teoría de la proyectación arquitectónica. Barcelona, Gustavo Gili, 1971, p.223.
[27] Barroso, Patricia. La naturaleza de la expresión arquitectónica; su forma su modo y su orden, USA, Architecthum-Plus, 2012. Conceptos tratados en este texto.

como por su contenido, cuyo problema central es conferir forma sensible a una idea. Existen centenares de definiciones de arquitectura, y cada una refleja el punto de vista del autor"[28]. Cuestión importante que señala Stroeter, para insinuarnos que efectivamente, tanto la teoría como la praxis continuamente han estado involucradas, a veces volviéndose la teoría una doctrina del hacer y regulando el lenguaje, para determinar un estilo único o universal, como lo hizo Le Corbusier. Pero más allá de esto, dejando a un lado la búsqueda de una teoría universal, podemos entender que el significado que cobra la forma del objeto, se conecta a un referente teórico que nos muestra la manera en cómo se disponen y organizan los contenidos, para sustentar un diseño.

Entonces, entendemos que la arquitectura conlleva este binomio, el pensar y el hacer, como esencias o principios axiológicos que la motivan, y como lo sugiere Argan[29], construyen el concepto de lo que será esa espacialidad arquitectónica, ya que tendríamos que imaginar y plasmar a cada uno de sus componentes.

El instrumento

Por otro lado, una vez identificado el sentido y el papel que juega la teoría en el ámbito arquitectónico, es necesario cuestionarse sobre cómo se logra el traslado de este sentido de la teoría hacia una realidad práctica y qué instrumentos se pueden generar para ello. En este caso, se busca lograr que la teoría sea útil. He aquí, el punto más relevante que motiva nuestro argumento, por ello se propone identificar los medios, es decir las

---

[28] Stroeter J., Rodolfo. Teorías sobre Arquitectura. 2ª reimpresión, México D.F., Trillas, 1999, p.22.
[29] Argan, Giulio Carlo. El concepto del espacio arquitectónico desde el barroco hasta nuestros días. Buenos Aires, Nueva Visión, 1984, p.102.

herramientas que servirán por un lado, como vínculos de esa experiencia teórico-práctica y por otro lado, como instrumentos de traslado.

Comenzando por su definición, se desprende una primera caracterización de la noción "instrumento teorético y práctico"[30], ésta se entiende como un sistema hipotético-deductivo de lo que concierne a un objeto o a un proyecto arquitectónico, fundamentándose en el estudio de la materia del diseño. En este sentido, es una representación esquemática de la situación real de la que se habla; es decir, son instrumentos aproximativos y captan las particularidades del objeto, del proyecto o del proceso en estudio, estos funcionan como una herramienta que se modifica y se construye continuamente para perfeccionarse. Estos instrumentos sirven como medios o metodologías aplicables, verificables y útiles que ofrecen la explicación de los conceptos en una estructura interna visible. Su profundidad se halla en la argumentación del cuerpo de ideas y conceptos que lo sustentan y se ofrecen como herramientas sólidas mediante las cuales se puede explicar el fenómeno arquitectónico.

Son construcciones teóricas que acercan al conocimiento de las cosas, cuyos correlatos se contrastan con la realidad práctica; asimismo, pueden referirse a entidades reales o a objetos imaginarios utilizando un contenido conceptual. Lo que supone que, estos instrumentos teoréticos representen de manera simbólica las propiedades objetivas de los espacios físicos o bien, presenten un conjunto de conceptos observacionales en un espacio imaginario (como el proyecto). Estas construcciones conceptuales vienen de una interpretación de la disciplina y de formulaciones y explicaciones de sus fundamentos, de esta manera, se pueden identificar como métodos de

---

[30] Bunge, Mario. Teoría y realidad. Barcelona, Ariel, 1972, p.15.

análisis y de lectura del objeto o del proyecto basándose en consideraciones metodológicas y premisas hipotéticas. En este sentido, la formulación de un instrumento teórico-práctico busca profundizar en un conjunto de postulados y enunciados que permiten la aplicación de la teoría a la situación del hecho. Estos explican y muestran cómo se produce una cosa, "entonces, tenemos lo que a veces se llama una interpretación del hecho en cuestión"[31].

En otras palabras, mediante un análisis profundo de sus contenidos se pueden descubrir los mecanismos del fenómeno arquitectónico, y si se trasladan y aplican mediante estos instrumentos se pueden alcanzar estratos más profundos de su realidad. Por ello, la capacidad explicativa de estas estructuras teóricas debe depender no sólo de la extensión, sino de su profundidad y utilidad; ya que también se entiende por teoría a "un sistema de hipótesis precisas susceptibles de contrastación"[32], para no ser conceptualmente inequivalentes a su realidad inmediata.

Aquí, surge un segundo aspecto ¿Cómo sirven estos instrumentos al vínculo teórico-práctico, cómo actúan en el traslado y cómo logran establecer una equivalencia a su realidad práctica? En efecto, una estructura teórica en la arquitectura debería ser equivalente a su realidad práctica para incidir de manera significativa en los principios que se postulan como axiomas en la misma teoría y pueda irrumpir en la enseñanza del diseño, asimismo fundamente el hacer proyectual y explique su proceso.

En este sentido, se busca que estos instrumentos ayuden a entender cómo se pone a prueba una teoría y cómo se puede transitar de una estructura teórica

---

[31] Ibid, p.102.
[32] Ibid, p.129.

a la práctica proyectual. Esto se debe a que, como ya se dijo anteriormente, para formular una estructura teórica habrá que partir de una realidad o bien, habrá que partir de la construcción de elementos hipotéticos y de instrumentos, pero con una intención realista, con el fin de generar teorías susceptibles de ser confrontadas con los hechos. Asimismo, se puede decir que cuando se proyecta se parte de una representación conceptual y esquemática, se muestra lo que se imagina y se busca su manifestación real, atribuyendo a ese objeto cualidades y contenidos arquitectónicos; entonces, por qué no pensar que estos contenidos arquitectónicos parten de una base teórica para ser representados en el proyecto o leídos en el objeto.

Con ello, se insinúa que al generar un instrumento de análisis o de lectura, éste puede actuar como un elemento de vinculación teórico-práctico porque se realiza con una base teórica que se traslada y aplica a la práctica. De tal manera que, el instrumento se vuelve la herramienta discursiva de una postura teórica que hace hincapié en el encuentro con la materialidad arquitectónica; asimismo la analiza, la explica y la comprende para generar un desglose del contenido proyectual. En este caso, se enfatiza que el trabajo teórico tiene que ver con la realidad profesional, ya que la falta de interacción de este binomio (teoría-práctica) hace ineficaces los conocimientos, corriendo el riesgo de que no exista un punto de referencia y dejando a la teoría en una esfera ambigua y completamente abstracta. Por eso la presencia de estas herramientas, permiten analizar, estructurar y trasladar las propuestas teóricas a la acción del diseñar; así también, llevan a descubrir los rasgos patentes y cualitativos de la forma.

De esta manera, se advierte un incremento de conectividad conceptual entre el binomio teoría-praxis y su posibilidad depende en cada caso de la conexión directa entre las premisas teóricas establecidas en el instrumento y los contenidos manifestados en los objetos. En sí, se puede prever la nitidez de los fundamentos teóricos establecidos si continuamente se contrastan con la realidad inmediata, como lo señala Bunge "la teoría, para merecer este nombre, ha de ser un sistema conceptual unificado (es decir, sus conceptos han de "estar ligados entre sí")"[33] y también ha de serlo si pretende afrontar las pruebas y la contrastación de cualquiera de sus partes a su realidad práctica.

Por otro lado, una vez esbozado el desempeño del instrumento teórico en la acción y desarrollo del hacer proyectual, se puede continuar con la última interrogante en cuestión: ¿cómo se construye un instrumento teórico específico y de dónde parte? Se inicia por esquematizar, como lo señala Bunge, "la conquista conceptual de la realidad comienza lo que parece paradójico, por idealizaciones"[34], en las que se desgajan los rasgos del objeto, el contenido del proyecto o el material del diseño. En sí, para apresar la realidad se empieza por apartar información, se agregan luego, elementos imaginarios (o más bien hipotéticos) pero con una intención realista. Se construye así un objeto esquemático, que para dar frutos deberá insertarse en una teoría susceptible de ser confrontada con los hechos.[35] De manera que, se formula una hipótesis central del instrumento teórico-práctico para rodearla de preguntas subsidiarias que detonan y contienen la estructura del

---

[33] Bunge, Mario. Teoría y realidad. Barcelona, Ariel, 1972, p.146.
[34] Ibid, p.12.
[35] Bunge, Mario. Teoría y realidad. Barcelona, Ariel, 1972, p.15.

instrumento. En este caso, se explica el funcionamiento del sistema con sus implicaciones y componentes, donde será necesario explicar a cada paso y especificar el estado interno del instrumento, de su formulación y de su composición. En este sentido, la construcción de estos instrumentos se fragua en una metodología dada; por ello, se convierten en instrumentos metódicos que penetran en el análisis de la actividad arquitectónica determinando con precisión el discurso de sus elementos. Estos implican el estudio de las relaciones que vinculan a los contenidos o las materias con las que se trabaja al proyectar y presentan una estructura ordenada con el fin de ser aplicada.

Esta base metodológica, puede entenderse como una actitud concreta frente a la realidad práctica y desde ahí es posible especificar algunos contenidos inherentes al mismo hacer. Así, en un modo particular de organizar las premisas teóricas, estas herramientas ofrecen propuestas más precisas y útiles por estar ancladas al actuar. En este sentido, se devela su incidencia y su acercamiento al conocimiento del diseño, como lo señala Vilchis "lo que se sabe es siempre una cosa o propiedad, un contenido. Así, el objeto se transforma en el saber; las cosas, propiedades y relaciones se convierten en conceptos; los contenidos, en proposiciones".[36] De manera que, conocer la materia del diseño es en sí, el resultado de cierta forma de pensar y actuar.

Puede deducirse entonces, que la concepción de los instrumentos de análisis y lectura, parten de una base tripartita que conjuga teoría, método (técnica) y experiencia (práctica). De manera que, la instrumentación teórica implica a un procedimiento práctico; es decir a un "conjunto de reglas aptas para dirigir

---

[36] Vilchis, Luz del Carmen. Metodología del diseño. Fundamentos teóricos, UNAM, 1998, p.18.

eficazmente una actividad cualquiera y a la destreza necesaria para realizarla".[37] El instrumento en sí, exige su empleo, su uso y la aplicación de un material dado para el manejo de determinada situación; por consiguiente, utiliza un método aplicable a la práctica debido a que busca incidir en la realidad inmediata. En consecuencia, resulta evidente que teoría, método y experiencia integren la base para detonar la elaboración de herramientas teórico-prácticas en la arquitectura. En este caso, dichos instrumentos sirven para acentuar que estas dos condiciones (teoría y práctica) se entienden por sus relaciones mutuas y no se determinan como elementos independientes o autónomos.

Por ello, estas herramientas no se tratan como ley, sino son probadas bajo la acción para agregar cambios, modificaciones y mejoras. En este caso, no tendría objeto un instrumento que oculte sus mecanismos internos y que no se explique a la luz de la práctica. Finalmente, las propuestas de estructuras teóricas de este tipo se mantienen en la esfera de lo abstracto o difuso y los vínculos que podrían generarse con la práctica, muchas veces quedan ocultos y deben ser imaginados.

Así, la elección de los diversos instrumentos teórico-prácticos dependerá del objetivo del investigador, del docente y del diseñador. Se trata de comprender el funcionamiento de estos sistemas y de formular metodologías que trasladen al binomio teoría-praxis. De esta manera, como un ejemplo tácito se destaca el modelo Diana de Oscar Olea y Carlos González Lobo, que encuentra su principio en la definición de la demanda que condiciona la respuesta del diseñador al integrar factores de ubicación, destino y economía (en dónde, para qué y con qué). En este caso, se explica que la forma es el

---

[37] Vilchis, Luz del Carmen, Op Cit., p.19.

resultado "de oponer los factores de uso a los de realización; los primeros inherentes al objeto, los segundos impuestos por la capacidad y los recursos del propio diseñador. Tales factores fueron definidos como funcionalidad, ambientalidad, expresividad, estructuralidad y constructividad"[38]. De estos elementos, sigue el ordenamiento metodológico como una secuencia de argumentos que implican el continuo diálogo y realización dinámica entre la realidad y el sujeto que diseña; de lo cual resulta el objeto entendido.

La estructura analítica

De los cinco niveles citados, la funcionalidad y ambientalidad corresponden al uso, la estructuralidad y constructividad corresponden a la realización y la expresividad es inherente a la forma. En sí, la forma final de un objeto de diseño resulta de la intersección del conjunto de factores de uso con el conjunto de factores de realización. Como se ve en este caso, el binomio teoría-praxis queda seriamente comprometido en la formación del arquitecto, éste se ve reflejado en su hacer y cimienta su realidad práctica. Esto es en suma, imaginar un objeto dotado de ciertas propiedades o contenidos que pueden ser explicados en base a una teorización de lo que es el mismo objeto, de su composición, de sus contenidos, de su sentido estético y de su sentido expresivo.

De esta manera, la incidencia del pensamiento teórico se gradúa desde una escala de valores a una reflexión sobre el cómo y para qué. Entonces, se llega a un aspecto clave que cuestiona sobre el cómo se enseña y cómo se aprende la teoría en un intento por comprender como se puede incidir en el hacer proyectual. Por ello, cuando Martín cuestiona ¿Cómo se enseña la

---

[38] Vilchis, Luz del Carmen, Op Cit., p.131.

arquitectura?[39] Vemos que es imprescindible, antes que nada, pensar en la teoría como un conocimiento transmisible. Al arquitecto le corresponde entender y retomar el papel de la teoría en el ámbito arquitectónico, le toca cuestionar sobre cómo se pueden generar los vínculos hacia la práctica, para no establecer modelos abstractos que generen un conocimiento superficial y pierdan el sentido profundo y útil de la misma teoría. Como lo señala Bolaños, un concepto es válido si y sólo si, se adapta al ambiente en que se aplica y a los fines de quien lo emplea[40]; de esta manera, la práctica se vería planeada, conducida y entendida por nuevos planteamientos y posturas teóricas; asimismo, se podrá dar luz a nuevas estructuras metodológicas e instrumentales para diseñar.

---

[39] Martín Hernández, Manuel J. Invención de la arquitectura. Madrid, Celeste, 1997, p.20.
[40] Bolaños Guerra, Bernardo. Argumentación científica y objetividad. México D.F., Colección Posgrado, UNAM, 2000, p.84.

Bibliografía

Argan, Giulio Carlo. *El concepto del espacio arquitectónico desde el barroco hasta nuestros días.* Buenos Aires, Nueva Visión, 1984.

Barroso Arias, Patricia. *La naturaleza de la expresión arquitectónica. Su forma, su modo y su orden.* USA, Architecthum-Plus, 2012.

Bolaños Guerra, Bernardo. *Argumentación científica y objetividad.* México D.F., Colección Posgrado, UNAM, 2000.

Bunge, Mario. *Teoría y realidad.* Barcelona, Ariel, 1972.

Fernández Alba, Antonio. *Diseño entre la teoría y la praxis.* Barcelona, Colegio de Arquitectos de Cataluña y Baleares, 1971.

Gregotti Vittorio, et al. *Teoría de la proyectación arquitectónica.* Barcelona, Gustavo Gili, 1971.

Hierro Gómez, Miguel. *"Dos objetos de estudio en una aproximación teórica".* Curso de apoyo a la docencia: La investigación en el campo del diseño, F/A, UNAM, 2002.

Kruft Hanno, Walter. *Historia de la Teoría de la Arquitectura.* Tomo 1, Alianza, Madrid, 1990.

Martín Hernández, Manuel J. *Invención de la arquitectura.* Madrid, Celeste, 1997.

Norberg Schulz, Christian. *Intenciones en la arquitectura.* Barcelona, Gustavo Gili, 1998.

Ramírez, José Luis. *"La teoría del diseño y el diseño de la teoría".* Astrágalo, cultura de la arquitectura y ciudad, geometrías de lo artificial, arquitectura y proyecto, Celeste, Madrid, núm. 6, abril, 1997.

Stroeter J., Rodolfo. *Teorías sobre Arquitectura.* 2ª reimpresión, México D.F., Trillas, 1999.

Vilchis, Luz del Carmen. *Metodología del diseño.* Fundamentos teóricos, UNAM, 1998.

Waisman, Marina. *La estructura histórica del entorno.* Buenos Aires, Nueva Visión, 1985.

Del proyecto

El "proyecto" como hecho arquitectónico y como hecho histórico

Como una breve introducción al conocimiento del proyecto, éste se plantea como la realidad plasmada de la materia del diseño y abre una alternativa que indaga en la arquitectura no desde el objeto, sino del material involucrado en la actividad proyectual. Reconocer esto permite elaborar una serie de pautas teóricas en un sistema abierto de categorías que se definen bajo reflexiones sobre el diseño. Con ello, se abre la opción de conocer al proyecto arquitectónico en su propio ámbito y se busca reconocer aquellos postulados teóricos que lo fundamentan.

En este sentido, sin la pretensión de prescribir un método, se aborda la reflexión del tema del proyecto y de su condición arquitectónica en una atmósfera que trata de discernir qué es el proyecto, qué elementos lo definen, y cómo se convierte en un hecho arquitectónico.

Posteriormente, estas premisas inducen a una conciencia teórica y crítica en el ámbito del diseño, que asume un carácter abierto y trata de llegar a una interpretación del proyecto como elemento instrumental que marca el devenir de lo arquitectónico. En este recorrido interpretativo de la noción proyectual existe una condición creativa, imaginaria y testimonial del acontecer de la materia en un tiempo dado, por eso tiene el valor de ser la genuina expresión de una visión singular sobre el contenido del diseño.

Finalmente, se busca interpretar al proyecto como hecho histórico desde la conformación secuencial y temporal de la imagen formal. Esto plantea que, entenderlo en su condición de hecho histórico, dependerá de una cuestión interpretativa que investiga el devenir de la materia arquitectónica, de su concepción y de su plasmación. Aquí se cuestiona principalmente ¿cómo funciona el proyecto como medio para la construcción historiográfica de la arquitectura y en dónde se encuentra dicha condición?

¿Qué es el proyecto y qué lo define?

Para responder a esta interrogante se parte de algunas interpretaciones que se le atribuyen al proyecto a fin de abstraer algunos elementos relevantes y construir una definición viable.

El "proyecto" como una construcción creativa

En el proyecto se intuye que el fenómeno creativo opera, esto indica que el término de creación como lo señala Ferrater, se entiende como "producción humana de algo, a partir de alguna realidad preexistente"[1]. En este caso, se comprende al proyecto como "creación" o "producción" humana, asimismo De Bono explica que la creatividad humana se vale de lo que ya existe y encuentra formas impredecibles para modificarlo. Esto no sólo es originalidad ni libertad ilimitada, es algo que tarde o temprano el pensamiento ordinario tendrá que comprender, aceptar y apreciar. La creatividad puede consistir a la vez, en un redescubrimiento de lo que ya existía en forma oculta y en el surgimiento de algo nuevo[2]. Por otro lado, con respecto a esta definición Rodríguez agrega que la creatividad es la capacidad de producir cosas nuevas y valiosas, la palabra "cosa" se toma en el sentido más amplio que incluye prácticamente todo, un método, un estilo, una relación, una actitud, una idea pueden ser objeto de la creatividad[3]. De manera que, está en todo lo

---

[1] Ferrater Mora, José. Diccionario de filosofía. Vol. I, II, III y IV, Madrid, Alianza, 1979.
[2] Bono, Edward de. El pensamiento creativo. El poder del pensamiento lateral para la creación de nuevas ideas. México D. F., Ediciones Paidós. 1992.
[3] Rodríguez Estrada, Mauro. Manual de creatividad. Trillas, México, 1990.

que somos y hacemos, está en el conocimiento de nosotros mismos y de nuestro medio concreto.

Por otro lado, la ciencia del siglo XX ha desmitificado la función de la creatividad al demostrar que no es la inspiración de las musas, sino que es el salto del inconsciente a lo consciente lo que causa la vivencia de la iluminación. Sin embargo, algunos investigadores buscan la respuesta en el terreno de la simbología y se considera que el hombre es un ser de símbolos, a través de estos, el hombre está en condiciones de poseer, percibir y tener juntas a la vez, miles de cosas. En este sentido, se muestra que la creatividad como función cognoscitiva debe distinguirse de la inteligencia, ya que no es una función unitaria o uniforme, sino que se le debe considerar en función de un gran número de factores y afecciones o capacidades mentales primarias. Frente a esto, como lo indica De Bono, el pensamiento está mezclado con el acto creativo, ya que se involucra a la cognición, la producción y la evaluación. Siendo, la producción la más importante en materia de creatividad y la que puede manifestarse en un pensamiento convergente o en uno divergente[4].

Con ello, se puede aseverar que la inteligencia se define como la capacidad para enfrentarse a una situación nueva improvisando una reacción de adaptación nueva, con rapidez y éxito[5]; es la facultad de comprender y conocer, es la aptitud para establecer relaciones entre las percepciones sensoriales o para abstraer y asociar conceptos, integra conocimiento y

---

[4] Bono, Edward de. El pensamiento creativo. El poder del pensamiento lateral para la creación de nuevas ideas. México D.F., Ediciones Paidós. 1992.
[5] Howard C. Warren. Diccionario de psicología. México, Fondo de Cultura Económica, 1964.

habilidad[6]. La inteligencia comprende un acto cognoscitivo y evaluativo sobre las cosas o circunstancias, pero para realizar una producción nueva, innovadora y original sobre algo, se necesita del acto creativo.

La creatividad entonces, es una autoafirmación del ser, de la manera en como enfrentamos los problemas, las cosas o las situaciones ante la vida. Es fundar y establecer por primera vez una cosa; es darle vida y sentido a una nueva manera de ver o entender un hecho o un acontecimiento. Por lo tanto, la inteligencia se entiende como la aptitud (habilidad, capacidad de entendimiento, de conocimiento y dominio) que se tiene para enfrentar los acontecimientos y la creatividad se entiende como la manera de enfrentarse a las cosas (forma, actitud, modo con que se ejecuta, astucia).

Esto muestra que, para enfrentarnos a los hechos en nuestra disciplina, no sólo se necesita de la inteligencia que involucra ese dominio y habilidad cognoscitiva de la materia formal que se maneja, sino que se necesita también, de un acto creativo bajo el cual se reformule, se innove y se propongan nuevas organizaciones arquitectónicas. Por consiguiente, si se separa a la inteligencia de la creatividad, resulta una capacidad aislada que entiende, pero no propone; esto propicia la búsqueda de la incidencia de ambos conceptos para explicarlos y aplicarlos en la actividad proyectual.

Con lo anterior, se deduce que en el acto creativo, el diseñador potencializa su imaginación y es donde se manifiesta la nueva dimensión que adquiere un "proyecto" como producto de un acto consciente y reflexivo que aborda la materialidad proyectual. Aquí se da paso a la organización de contenidos

---

[6] Diccionario de la lengua española. ECISA, México, 1990.

formales que se incorporan gradualmente, bajo propósitos, intenciones, significaciones e imágenes.

Ensanchar la esfera de la creatividad a un hacer consciente y significativo implica incidir en el desarrollo de la actividad proyectual, como lo señala Ricard, "la creatividad persigue un constante desmarque con esa realidad, lo hecho, lo que ya existe, se halla encerrado en sí mismo y sólo contiene y refleja su propia imagen. Todo lo que "es", ha sido en función de un momento coyuntural y transitorio, y otro momento, habrá de segregar, forzosamente, otro resultado"[7].

El proyecto arquitectónico entonces, se define como producto del diseñar, dicha actividad se da bajo un acto creativo que existe en un salto que va del discurso reflexivo/deductivo, sazonado de múltiples sugerencias a una imagen plasmada y perceptible. "La creatividad es factible porque el hombre además de su racionalidad, posee también esa afectividad que le permite captar aquello que escapa a su razón"[8]. En este caso, Ricard insinúa que el acto creativo viene acompañado de un sentido metodológico necesario para conocer, recopilar, ordenar y comparar el contenido formal.

Por ello, es necesario el sentido racional para el "hacer creativo" como un conjunto de pasos basados en esquemas que permiten contemplar cierto recorrido intencional. "El método es como una operación matemática que posee sus reglas y que sólo puede conducir a unos determinados resultados: la solución se halla incluida en el propio planteamiento"[9].

---

[7] Ricard, André. Diseño ¿por qué? Colección Punto y línea, Barcelona, Gustavo Gili, 1982, p.111.
[8] Ibid., p.112.
[9] Ídem.

Los métodos son así, caminos prefijados por la praxis o la razón lógica que enseñan un itinerario en cuyo transcurso se topan con la "inspiración", ello se aplica al "proceso de diseño" que sirve como guía para proyectar. Sin embargo, la solución formal no es sólo consecuencia de la aplicación de una base metodológica, ni del acto creativo "puro", sino que es producto de su conjunto. Entonces, la solución formal que se busca en el proyecto es resultado de un planteamiento acertado que vincula al método utilizado con la organización compositiva de los contenidos arquitectónicos en una acción creativa.

Aquí, se presume una condición interesante, que el discurso creativo necesita del "entendimiento" para efectuarse. Según Kant el acto creativo es "esa facultad de las reglas" que permite ordenar los recursos de la sensibilidad. "El hombre precisa de todas sus capacidades reflexivas, tanto para cosecha de la información pertinente que orientará y delimitará el campo de acción, como para valorar las ideas que vagan surgiendo en el devaneo creativo"[10]. Entonces, este destello "proyectual" no puede surgir en el vacío, sino que requiere de la preexistencia de un terreno fertilizado por el "conocimiento", "la visión intuitiva ha de ser fustigada y mantenida en volandas por el saber. La intuición necesita del apoyo logístico de la razón, de una puesta en condiciones del espacio mental, para predisponer a la cometida creativa. Así, el hacer creativo se ejerce a dos niveles; el de la inspiración y el de la reflexión"[11]. En sí es vincular un sentir intuitivo con una razón.

---

[10] Kant Immanuel, en "crítica de la razón pura", citado por Ricard, André. Diseño ¿por qué? Colección Punto y línea, Barcelona, Gustavo Gili, 1982, p.114.
[11] Ídem

Finalmente, entender al "proyecto" como una "construcción creativa" implica lo que señala Kant, "una íntima y sutil sinergia entre sensibilidad y entendimiento"[12]. Es aquí donde se empalma el hacer proyectual con el acto creativo, dicho acto se entiende como un mecanismo que interviene en la acción proyectiva donde se organizan conscientemente a "los materiales de diseño" con los que se trabaja.

El proyecto como una construcción imaginaria

Por otro lado, acerca de la estructura del funcionamiento intelectual, Lambert menciona cinco operaciones diferentes en el proceso mental: conocimiento, memoria, producción convergente, producción divergente y evaluación. La capacidad creadora se considera una producción divergente, es la función opuesta a la convergente; el pensamiento divergente se atreve, se arriesga y explora cosas nuevas y el convergente las organiza y las hace conscientes, en un sentido reflexivo.[13]

Luego se presume que en el acto creativo interviene la imaginación, término que viene del latín imago o imagen, visión, y del latín imitare o imitar. Se define como "la capacidad de construir imágenes mentales a partir de, y en relación mediata con, las percepciones, si se trata de la imaginación reproductora, o simplemente capacidad de crear libremente imágenes relacionadas con la sensibilidad, si se trata de la imaginación creadora. A esta última se la llama también «fantasía»"[14]. En la historia de la filosofía, se relaciona la imaginación con el conocimiento. Platón no la distingue de la sensación o conocimiento por imágenes y le da el nombre de eikasia o

---

[12] Ídem
[13] Lambert Brittoin, W. Desarrollo de la capacidad creadora. Buenos Aires, Kapelusz, 1972.
[14] Cortés Morató, Jordi; Martínez Riu, Antoni. Diccionario de filosofía. Barcelona, Herder, 1991.

suposición, primer grado de conocimiento sensible. Aristóteles la denomina phantasía, la distingue tanto de la sensación como del pensamiento discursivo y la considera capaz de error. Hobbes la define como una "sensación degradada" y la divide en simple y compuesta. Descartes la constituye comparada con la intelección en una facultad cognoscitiva de segundo orden y vinculada a lo sensible, lo cual genera una postura de desconfianza tradicional en el racionalismo que aumenta cuando se la identifica como imaginación productora.

En la propuesta de Hume desaparece esta desconfianza y representa la fuente misma de las ideas simples y complejas. Kant la define como capacidad de intuir sin objeto presente; distingue entre imaginación reproductora y creadora o productiva y asigna a esta última su propia función trascendental en el conocimiento sensible, la de procurar la síntesis o conjunción entre lo sensible y los conceptos. Kant, asocia a la imaginación productiva con la estética. En la filosofía contemporánea, Sartre critica la desconfianza tradicional respecto de la imaginación y se inspira en la fenomenología de Husserl, quien la considera algo intermedio entre la percepción y el pensamiento. "Lo «imaginario» es el mundo de la imaginación, constituido por objetos creados por la «conciencia imaginante» que tiene no sólo la capacidad de representar un objeto ausente como presente, sino también la de poder crear objetos irreales, «un mundo irreal o un antimundo», cuyo sentido es ser la negación del mundo real, con ello expresa la conciencia su libertad respecto de lo real" [15].

---

[15] Ídem

En sí, la creatividad surge en la construcción imaginaria al poner en práctica la ingeniería del pensamiento, que es la aplicación de los conocimientos con los que funciona fisiológicamente y psicológicamente una persona cuando realiza algo, cualquier cosa. Además, esta construcción imaginaria abarca los procedimientos que se pueden utilizar para desarrollar el potencial creativo, para esto hay que partir de modificar la percepción de las realidades y situaciones, saber relacionar causas y efectos tanto en el tiempo como en el espacio; implicando en ello una abstracción de la realidad, una desestructuración de la misma y una reestructuración en nuevos términos. Todo lo que se aprende se halla codificado en las neuronas, según Ricard y se va configurando un vasto "banco de datos", "la intuición nos anticipa cosas que mucho después llegaremos a deducir. Es como un mensaje de un «más allá» hecho de nuestro pasado y de nuestro futuro, que pre-ve lo que luego podremos ver"[16].

Esto sugiere diversas cuestiones ¿Puede entenderse lo imaginario como una construcción mental racional y creativa a la vez? ¿Cómo se involucra el proyecto en esa construcción imaginaria? De las nociones anteriores, se puede deducir que con esta capacidad de construir imágenes mentales y evocar ideas es como se concibe el proyecto, con una imaginación creativa y productiva que permite sintetizar los conceptos e ideas sobre la forma arquitectónica. En el mundo de lo imaginario es donde se construye lo proyectual y donde se representan mentalmente objetos que todavía no existen para hacerlos visibles. En el proyecto la concepción y la plasmación ayudan a determinar cómo será el objeto sin perder su libertad o su autonomía en el proceso de producción. Esta fase proyectual se engloba en lo imaginario para marcar una autonomía explicativa y metodológica.

---

[16] Ricard, André. Op. Cit., p.115.

Por ello, se identifica a lo imaginario como una visión onírica, inexistente físicamente o tangiblemente, como una abstracción y forma inarticulada. Lo imaginario es mirar introspectivamente hacia una experiencia formal de la mente, aquí, se rememora lo que en el momento no se puede captar vivencialmente y se "resucita la memoria de las visiones articuladas que llenan la mente creativa durante un lapso de conciencia"[17]. Con esta referencia se entiende al proyecto como una construcción imaginaria que se define como:

a. Un acervo de conocimientos memorizados en el archivo mental, que son captados anteriormente por experiencias perceptivas. Según Ricard "todo lo que podemos imaginar en nuestro espacio mental proviene, siempre de ese material externo que hemos captado, o simplemente visionado, y que en alguna manera sabremos combinar, amalgamar, trastocar o refundir, hasta formularlo, en una nueva coherencia configurativa"[18]. Esto indica que hay un proceso de "percepción recuerdo" en el acto proyectual; se imaginan propuestas que fingen soluciones y simulan la materia arquitectónica para experimentar con lo que se sabe y se ha visto o captado. Entonces, si se entienden estas estructuras formales a partir de la experiencia y se abstraen e identifican a los contenidos sustantivos de la forma en una especie de lectura, se va creando mentalmente un acervo de imágenes que ayuda a formular o pensar "proyectualmente". Con la ayuda de este acervo la memoria reproduce, recuerda y aporta datos; por ello, interviene en la elaboración del proyecto como "formulación imaginaria" o pensada de una cosa. Se puede partir entonces, de patrones perceptivos o "recuerdos percibidos" para

---

[17] Ehrenzweig, A. Psicoanálisis de la percepción artística. Barcelona, Gustavo Gili, 1976, p.28.
[18] Ricard, André. Op. Cit., p.135.

configurar a la forma; de tal manera que el acto proyectual se ubique en el centro de la "memoria".

b. Una información que se plasma y se vuelve externa al propio espacio mental que se cosecha en una interpretación conceptual, en función de la materia que se persigue. En la construcción imaginaria, las ideas buscan encajar en las exigencias de lo que se quiere del objeto y bajo esta acción se ordenan los datos en una manera particular, así se enhebran conceptos dispersos como un vasto "caldo de ideas" que se fraguan en ejes conceptuales. Aquí se advierten las ideas generatrices de lo que será el objeto y se generan conceptos básicos que forman el "código genético" hasta llegar a una concreción de la imagen formal.

En este discurso conceptual, las ideas generadas bajo un acto creativo son enjuiciadas por la razón, donde "cada propuesta de solución figurada es calibrada en relación al objeto perseguido. Aquí, hay un magma lleno de conatos de ideas, de esbozos de conceptos, de figuraciones parciales que inician y se consolidan en la imagen; en sí, el concepto generado está captado y la solución proyectual definitiva hallará en la idea generatriz las respuestas y las pautas necesarias para completarse"[19]. Por lo que al elegir ciertas ideas generatrices o intenciones de diseño se decide ya un camino que guía la solución, al igual que los genes, estas ideas contienen los caracteres de la forma y tras una gestación proyectual se consolidan en algo visible, en una imagen visual. De esta manera, es posible percatarse de la forma que sólo estaba en la imaginación.

---

[19] Ricard, André. Op. Cit., p.143.

El desarrollo de lo proyectual en sí, "consiste en hacer concreto el concepto abstracto imaginado, trazando un retrato cada vez más riguroso y exacto de lo aún inexistente, haciendo emerger detalles inexplorados, ocultos en sí difuminados de esa visión global intuida que es la idea"[20]*. La finalidad de la actividad proyectual es hacer visibles en imágenes perceptibles esos conceptos ideados, como una aproximación a la realidad física del objeto. Por eso, el proyecto es la construcción primigenia de la arquitectura y se entiende como un evento (espacio-temporal imaginario). Asimismo, el proyecto es también un medio de expresión de las "ideas" como entes abstractos que dan contenido y significación a las cosas. De esta manera, "la materia tangible en que se fragua una idea, no es más que una sustancia impenetrable en la que ésta se "proyecta" y "expresa"[21]. Esto implica que el concepto ideado se estructura en conjunto con un material factible de representarse lingüísticamente en un proceso de mutua fertilización.

---

[20] Ricard, André. Op. Cit., p.145.

* Según Platón la idea es la esencia inteligible de las cosas cuya existencia conocemos por medio de la dialéctica, es un propósito o intención que expresa un modo de pensar y una creencia. La idea equivale etimológicamente a visión, referido al aspecto o figura que ofrece una cosa al verla; en este sentido, las múltiples significaciones de idea da lugar a varios modos de considerarlas: a) Se entiende a la idea cuando se equipara con un concepto; b) Se entiende a la idea psicológicamente cuando se equipara con una cierta entidad mental; c) Y se entiende metafísicamente cuando se equipara con cierta realidad; en este caso, Platón usó el término idea para designar la forma de una realidad, su imagen o perfil, por lo que es frecuente en Platón ver que la visión de una cosa, si se indaga en su verdad, sea equivalente a la visión de la forma de la cosa bajo el aspecto de la idea. Aquí las ideas se ven como causas, como la realidad objetiva designada por el concepto. Por otro lado, se ve a la idea como representación mental de una cosa, por ello se puede conocer racionalmente lo que las cosas son (aspecto metafísico y ontológico). En esta línea, Berkeley y Hume indican que la idea es la palabra que mejor sirve para indicar la función de representar cualquier cosa que sea el objeto del entendimiento. Por otro lado, para Hegel, la idea es la unidad del concepto y la realidad de éste; y para Bergson, es como la evaluación o abstracción de lo dado. Posteriormente el estudio y constitución de las ideas fue el objeto de análisis de una disciplina especial que surge a fines del siglo XVIII y comienzos del XIX; la ideología, en la que se utiliza el término "idea" cuando se analizan los pensamientos, es el tratado acerca de las ideas, susceptibles de conocimiento.

[21] Ricard, André. Op. Cit., p.146.

En síntesis se puede decir que en el proyecto se genera una visualización mental de la materia que se expresa; por ello se implica "una espacialidad imaginaria" donde se transita de la idea a la imagen y se previene su estructuración material y representativa. El proyecto así se define como una construcción imaginaria donde se fragua una sustancia de diseño; éste actúa como una pantalla mental en la que se van proyectando visiones mutantes de imágenes que describen cualidades formales. Y se genera la "imagen pensada" del objeto como un relato gráfico que describe la conformación material de algo que todavía no existe, así la forma informa y permite que el contenido se manifieste. Con todo ello, se ve como necesaria una "pre-visión imaginaria" que permita pronosticar como actúan los contenidos en la forma y que permita definir su configuración en función de una causalidad contextual, social y cultural. Concretando, se señala que en este hacer proyectual se implica a un acto creativo, a un proceso racional que lo guía (refiriéndose a su base metodológica) y a un momento imaginario que lo origina (con la formulación de ideas generatrices e imágenes mentales que se van plasmando para anticipar lo que será el objeto); el proyecto arquitectónico queda unido así, a una dimensión imaginaria que prevé su unicidad formal.

El "proyecto" como germen de la "materia arquitectónica"

Las argumentaciones anteriores no definen al proyecto en sí, por ello, hace falta indagar en la respuesta a ciertos cuestionamientos, ¿Qué es lo que se ordena en proyecto? ¿Qué es ese "algo" con lo que el diseñador trabaja? ¿Cuál es la materia que imaginamos? Gregotti señala, "mi idea de proyecto se basa en la noción de materia"[22] especificando que no se trata del acero, del vidrio y materias plásticas, sino que su idea de "materia" es más amplia, para Gregotti "el carácter específico de la acción arquitectónica consistirá en la conexión de los materiales existentes según relaciones comunicativas capaces de dotar de sentido a la forma del ambiente físico (...) desde el punto de vista de la arquitectura, el proyecto es el modo como se organizan y fijan, en sentido arquitectónico, los elementos de cierto problema. Estos han sido elegidos, elaborados, dotados de intención a través del proceso de la composición, hasta establecer entre ellos nuevas relaciones en las cuales el sentido general (estructural) pertenece, al fin, a la cosa arquitectónica que hemos construido por medio del proyecto"[23]. En esta organización de la "materia arquitectónica" es donde se inicia el acto creativo, como lo insinúa Ricard "el acto creativo se inicia ya en esta fase. Gran parte de lo que se requiere como punto de partida consiste en ordenar, de una determinada y coherente manera, ciertos conceptos, formas, dispositivos, materiales y colores"[24].

Ese orden señalado por Gregotti y Ricard sólo es posible en pleno conocimiento de cada uno de los contenidos que intervendrán en la conformación de la imagen del objeto. Así se logra penetrar en la interioridad de cada "material de diseño" y se pueden vislumbrar las razones de su expresión. En este caso el proyecto muestra la sustancia que lo compone y se encarga de la prefiguración del hecho arquitectónico en una constante

---

[22] Gregotti, Vittorio, et al. Teoría de la proyectación arquitectónica. Barcelona, Gustavo Gili, 1971, p.209.
[23] Ibid, p. 210.
[24] Ricard, André. Diseño ¿por qué? Colección Punto y línea, Barcelona, Gustavo Gili, 1982, p.122.

relación entre idea e imagen proyectada. Aquí en esta vinculación idea-imagen se precisa la intencionalidad de las características expresivas para cada contenido manifestado; asimismo se configuran hipótesis formales de una especialidad que se piensa habitable. Es como lo acentúa Gregotti desde el punto de vista de la arquitectura, "el proyecto es el modo de organizar y fijar arquitectónicamente los elementos de un problema"[25], estos elementos se cargan de intenciones en el proceso de composición hasta establecer "lo arquitectónico".

De esta manera, el "proyecto" se definirá como ese germen (axioma básico, núcleo, embrión, contenido en la semilla, origen, principio de una cosa) que contiene a la materia arquitectónica y que al leerlo, a partir de la comprensión de sus más íntimos elementos (o "genes" entendidos como la unidad de acción, mutación y recombinación del material, como unidad responsable de los caracteres formales del proyecto) permite comprender su constitución. En este sentido, el proyecto se muestra como producto del diseño arquitectónico ya que reúne, "crea e imagina" la manera en cómo se tratará dicha materia proyectual; es la larva conceptual que se plasmará. Esto lleva a pensar que lo arquitectónico no sólo se manifiesta en el objeto, sino en el proyecto que actúa como el genoma del objeto (como ese conjunto de cromosomas o genes que se hallan en un núcleo o germen, para transmitir los caracteres del proyecto a la obra) y como caracterización de un modo de habitar. Asimismo, el proyecto se da en una concepción ideal e imaginaria donde se formula una estructura con "genes" dispuestos a forjar un orden determinado; estos son en cierto sentido, las unidades con las que el "proyecto" se vuelve arquitectónico, es decir que en éstos se encuentra la materialidad arquitectónica.

---

[25] Gregotti, Vittorio. El territorio de la arquitectura. Barcelona, Gustavo Gili, 1972, p.15.

Estas unidades se organizan en determinada secuencia para producir la imagen y establecer una "proyección formal" de la obra en sí.

Esta partida de ideas-genes, como cromosomas o elementos que existen en el interior del núcleo del proyecto, desempeña un papel muy importante en la transmisión y producción de la imagen ya que aporta la materialidad arquitectónica que se da bajo un repertorio lingüístico. Cada intención proyectual contiene el porqué de las texturas, de los elementos geométricos, de la disposición de volúmenes; con lo cual se deduce que el objeto no es más que un ente artificial, es una segunda naturaleza de la esencia arquitectónica. El objeto es promovido por la materia que se delega anteriormente en el proyecto, es en éste último donde se tiene la misión de fraguar la concepción de ese "ente artificial". El objeto resulta ser una "prótesis" de nuestra vida cotidiana, es un objeto tangible que se vuelve la extensión de un modo de habitar. En la obra arquitectónica la intención de caracterizar un uso, de caracterizar una conformación espacial y de organizar sus propiedades y contenidos formales se encuentran antes en la actividad proyectual, que se considera como una visión "a priori" de lo que éste será.

¿Cómo se convierte el "proyecto" en un "hecho arquitectónico"?

Una vez entendido el proyecto como germen del material arquitectónico y como genoma del objeto edificado, se pretende explicar la manera en cómo se convierte el proyecto en un "hecho arquitectónico", para ello es necesario definir el "hecho" y lo "arquitectónico".

¿Qué es un hecho?

Se entiende como hecho en general a las cosas, a sus propiedades o a sus relaciones tal como son en la realidad, independientemente de la interpretación humana. "En teoría de la ciencia, el hecho es el fenómeno o suceso singular que se opone a la teoría que se formula con una ley: es el objeto de que trata la ciencia, que no pretende sino explicar los hechos naturales. Según el positivismo lógico los hechos se determinan mediante «enunciados protocolarios» o «enunciados de base» y, a partir de ellos, han de establecerse las hipótesis. Pero este planteamiento se critica en cuanto se cree que no es posible fundamentar la ciencia en meros hechos aislados observados, sino que, de algún modo, el hecho científico es ya una construcción teórica o el resultado de una conjetura o hipótesis, y llevan siempre una «carga de teoría»"[26].

Un hecho es un fenómeno fijo, preciso y determinado; tiene contornos que se pueden dibujar por lo que implica una especie de fijeza y estabilidad (Paul Janet)[27]. Sin embargo, no existen hechos precisos y determinados, sólo existen matices de éstos. En este caso, el hecho es el fenómeno adoptado y establecido por la posición de la "materia", por su existencia y objetividad. Es ya una realidad, "un hecho es una verdad general, una ley determinada por su aplicación a circunstancias particulares" (J. Lachelier)[28]. Esto sugiere que se crea, es concreto y tiene una duración real, en este sentido, los racionalistas establecen que es consciente, depurado de elementos sensibles de la reacción individual y es un concepto gracias al sistema lógico de las

---

[26] Cortés Morató, Jordi; Martínez Riu, Antoni. Diccionario de filosofía. Barcelona, Herder, 1991.
[27] Lalande, André. Vocabulario técnico y crítico de la filosofía. Buenos Aires, El Ateneo, 1967, p.368.
[28] Ibid., p.369.

categorías o formas de orden del entendimiento, por ello se hace concreto. Así el dato inmediato de la conciencia es el "hecho como objetividad" establecido en cierto modo por el pensamiento inseparable de las leyes racionales o formas de orden. Este, como ente concreto implica un proceso complejo o conjunto de funciones que lo hacen aparecer y que lo detonan para marcar su devenir, su acontecer. El hecho tiene existencia por convención, es una forma dada y existe en un marco espacio-temporal y se interpreta como:

a. El hecho-cosa, que es el elemento objetivo o concreto, es un caso o dato que marca una presencia, es una realidad tangible, visible y perceptible. El hecho aquí es real y forma parte de las cosas tal y como son, por eso su existencia es incontestable para el historiador y sirve de base a sus razonamientos. Este hecho-cosa se entiende en una realidad dinámica que se comprueba en el tiempo y constituye un momento de la sucesión o construcción histórica.

b. El hecho-esencia, es una sustancia que detona la presencia del mismo hecho, es decir que se refiere a la materia que le da vida.

c. El hecho-acontecimiento, que requiere de la acción, deviene de la sustancia que lo detona, así el hecho existe. En este sentido, el acontecer de la materia tiene más importancia que el elemento en sí, el hecho aparece por la manera en cómo se conformó la sustancia de la cosa detonando un cambio en su estado. Éste acontecer sucede en un tiempo y en un lugar particular; por ello, se toma como un conjunto de acciones que ocurren en tal lugar y fecha.

Estas tres interpretaciones determinan que en el hecho participan los tres factores. Para definirse necesita de la "presencia" tangible y concreta de la "sustancia" y del "acontecer" de ésta misma, como lo señala C. Ranzoli, "mientras que la cosa es una realidad estática, constituida por un sistema fijo, de propiedades coexistentes en el espacio: la manzana es una cosa, la caída de la manzana es un hecho"[29]. En este sentido, la cosa no es todavía el hecho porque es estática, sino que necesita de su acontecer, como aspecto dinámico; de tal suerte que los dos se funden en una realidad única del devenir. Aquí, la cosa es el hecho en cuanto se abstraen sus relaciones de sucesión y en cuanto se piensa transformándose. "Una cosa no es un hecho; lo que es un hecho es que esta cosa existe, que ella es de tal o cual naturaleza" (Husserl)[30]. El hecho, es así conocido por el devenir de la esencia que lo determina.

¿Qué es lo arquitectónico y dónde se encuentra?

El "proyectar" en el ámbito arquitectónico comporta hacer algo, fijar un fin mediante intenciones en función del manejo de una materialidad que se expresa. Así menciona Gregotti que, "el proyecto arquitectónico no es aún arquitectura; sino sólo un conjunto de símbolos que nos sirven para fijar y comunicar nuestra intención arquitectónica"[31], reúne elementos representativos y esquemáticos que ayudan a concretar la imagen.

A partir de esto, surge la pregunta ¿qué es lo arquitectónico y dónde se encuentra? Tradicionalmente se entiende como la cosa en sí, ya sea el objeto o el proyecto como productos o resultados de una acción. Sin embargo, en ambos existe "lo arquitectónico", con ello trabajan y eso expresan. En el

---

[29] Lalande, André. Op. Cit., p.430.
[30] Ídem.
[31] Gregotti, Vittorio. El territorio de la arquitectura. Barcelona, Gustavo Gili, 1972, p.15.

objeto se advierte porque se lee o percibe y en el proyecto aunque todavía no es objeto materializado, es imagen donde se conceptualiza y se plasma.

De esta manera, "lo arquitectónico" no se define en la "cosa", sino en la "causa"; es decir en la "materialidad del diseño" referida a los contenidos formales. Está en la materia moldeable que se identifica y prefigura en el proyecto, es ahí donde se le confiere su condición expresiva y donde se previenen los elementos en una complejidad estructural.

Posteriormente, Gregotti se contradice señalando que, "la arquitectura trabaja con materiales organizados según una forma concreta, la del hábitat; es por tanto, la forma de las materias ordenadas en consonancia con el hábitat", este orden de materias se define como "la estructura de la operación proyectual" después, advierte que esta especificidad se determina, también con el lenguaje con el que se expresa la arquitectura y queda delimitada por ser "el hecho de ser físicamente aquella figura en que las formas se han organizado según un sentido"[32]. Aprovechando esta contradicción de Gregotti, se enfatiza la postura que contempla a lo "arquitectónico" en la serie de materiales organizados según un modo de habitar. "Si el modelo se presenta como puro instrumento proyectual o al menos como cosa «para la arquitectura» posee un propio carácter expresivo que lo capacita para conexiones directas con la materialidad proyectual: constriñe la utopía a la especificidad del campo disciplinar, a entrar en la contienda de la historia, a convertirse en investigación e hipótesis de trabajo"[33]. "¿De qué está hecha, pues, la cosa arquitectura? (...) De materias dispuestas con cierto orden para

---

[32] Ibid, p.30.
[33] Gregotti, Vittorio, et. al. Teoría de la proyectación arquitectónica. Barcelona, Gustavo Gili, 1971, p.217.

determinado fin; el de habitar"[34]. Tal orden se puede definir como la estructura de la operación proyectual y el grado de significación de este orden se revela en la forma; en este caso, los materiales son las cosas con que está hecha nuestra operación proyectiva y "arquitectónica".

Todo esto sugiere que "lo arquitectónico" debe plantearse en el campo del diseño, así como los problemas sobre su propia estructura y especificidad, apuntando hacia cómo se han seleccionado los materiales que se configuran en el proyecto y se constituyen en la obra para formar parte fundamental de su condición expresiva. Este sistema de materias parte de una base disciplinar y se elabora desde una fuente teórica y reflexiva.

De esta manera, es posible acentuar que si no existiera esta especificidad en lo arquitectónico, se estaría hablando de cosas (objetos o proyectos) huecos, sin materia, ni sustancia que los identifique como tales. Esta materialidad se vuelve proyectual y tangible, de tal forma que no solamente se puede ver en los objetos cuando se habitan físicamente, sino que también se puede advertir en el proyecto cuando se prefigura. En sí, la materia se fragua en el proyecto, en una construcción creativa e imaginaria y en este sentido, se dice que la estructura del proyectar (lo que caracteriza a la obra) es de naturaleza fundamentalmente figurativa, como una manera de ordenar los contenidos.

En síntesis, se puede señalar que "lo arquitectónico" va más allá del objeto como cosa o materia física perceptible y también, va más allá del proyecto como conformación de la imagen formal para encontrarse en la "materialidad del diseño". Esta imagen es la que se puede observar como objetiva y

---

[34] Ibid. Pp.220 y 221.

tangible en la obra o bien, se puede prefigurar e interpretar como concebida, moldeada y plasmada en el proyecto.

¿Por qué el proyecto se convierte en un "hecho arquitectónico"?

El proyecto como un hecho

Retomando lo anterior, se puede deducir que en el proyecto se manifiesta no sólo la forma visual, sino la forma arquitectónica de las cosas. Es decir que al considerar al proyecto como hecho, no sólo se hace referencia a la cosa como elemento objetivo o concreto, sino también a su esencia, a la sustancia que detona la presencia de la obra. Así en esta interpretación se implica el acontecer de la materia arquitectónica para que la obra exista.

Conforme a esto, el proyecto se transforma en hecho debido a que surge la manera en cómo se conformó la imagen del objeto, integrando la "presencia" tangible y concreta de la "sustancia" que lo define con su "acontecer". El proyecto se convierte en una realidad visible y perceptible porque en él se plasman y se caracterizan los conceptos de manera lingüística. Asimismo, el proyecto contiene el germen sustancial de lo que será la obra, por eso se entiende como el devenir de los contenidos. Todo esto se reduce a que el proyecto es un hecho-cosa, un hecho-esencia y un hecho-acontecer al mismo tiempo.

El proyecto como un hecho arquitectónico

En otro sentido, entender la generación y la producción del proyecto en la actividad específica del diseñar permitirá conocer el contenido arquitectónico. De esta manera, se busca evaluar la operatividad del proyecto desde su base sustancial y en esta perspectiva se entiende a la arquitectura como origen y producción del material de diseño, atendiendo a una cadena de decisiones sobre la forma.

A partir de ello, surge la siguiente pregunta: ¿los "hechos arquitectónicos" se observan o se constituyen?, ya que no se va a entender el objeto como hecho, como cosa o presencia tangible sin sustancia que lo detone o como ente hueco que se mira; sino que el hecho arquitectónico como tal se vuelca hacia su constitución proyectual. En esta condición, es posible conocer las características del objeto partiendo de su sentido esencial y figurativo, en ello, se presume que no es posible percibir la densidad de la materia arquitectónica, sino que se puede leer su concepción expresiva, por eso la forma se adorna con gráficos que poseen en sí su propio contenido significativo.

Frente a esto, se afirma que el proyecto se convierte en hecho arquitectónico porque comprende la presencia, la esencia y el devenir de la materialidad del diseño, en éste existe una síntesis a priori de lo que será la obra edificada. Asimismo, el proyecto se considera como hecho donde se moldea la materia arquitectónica, en éste hay una acción de concepción y plasmación donde se anticipa la existencia del objeto. Aquí se precisa la especificidad cualitativa que da sustancia y ser a "lo arquitectónico".

El hecho arquitectónico entonces, no es únicamente lo dado tangiblemente, sino que se habla de éste en virtud de su determinación sustancial, de su esencia. Existe por el devenir de su materia o contenido velado y concebido en el proyecto, por lo tanto, considerar al proyecto como hecho arquitectónico es hablar del acontecer de una serie de axiomas o propiedades esenciales de la forma, es hablar de la panorámica expresiva de lo que será el objeto.

¿Cómo funciona el proyecto en la construcción historiográfica de la arquitectura?

El objeto de la historia es la suma de los hechos pasados del hombre, pero no cualquier clase de hechos, sino aquellos que se consideran relevantes para el historiador. No todos los datos acerca del pasado son hechos históricos, ni son tratados como tales por quien formula la interpretación histórica. ¿Qué criterio separa entonces a los hechos históricos de otros datos acerca del pasado? ¿Con qué criterio se clasifican los hechos históricos? Estas cuestiones, sugeridas por Carr se aclaran diciendo: "la necesidad de fijar estos datos básicos no se apoya en ninguna cualidad de los hechos mismos, sino en una decisión que formula el historiador a priori". Estos se ordenan y se seleccionan, por eso "los hechos solo hablan cuando el historiador apela a ellos; él es quien decide a qué hechos se le da paso, y en qué orden y contexto hacerlo"[35]. Su condición de hechos históricos depende esencialmente de una cuestión de interpretación que se basa en una serie de conceptos o juicios admitidos, en donde el papel del historiador incumbe en la doble tarea de descubrir los datos relevantes y convertirlos en históricos. Esto no se logra porque se lleva a cabo una recopilación de datos irrefutables y objetivos, sino porque dichos datos son vistos desde otra óptica, bajo una nueva interpretación y son valorados por la importancia de su devenir en el tiempo.

Esta postura lleva a deducir que el hacer historiográfico en la arquitectura no trata de hacer una compilación de hechos, sino que hace una interpretación que contempla el acontecer histórico de la materialidad arquitectónica. Por ello, se propone indagar acerca de la naturaleza expresiva de cada contenido

---

[35] Carr, Edward H. ¿Qué es la historia? México, Ariel, 1991, p.15.

proyectual, como elementos que se plasman a la largo de la conformación de la imagen formal. La tarea primordial del historiar no es recoger datos sin valorar lo que se estudiará en ellos, sino que antes, se presenta el desafío por construir estructuras teóricas instrumentales que permitan valorar dicha condición histórica en la disciplina arquitectónica.

Siguiendo con lo que señala Carr, se despierta una interrogante que marca el objeto de estudio, ¿Puede clasificarse un proyecto como hecho histórico? ¿Qué le concede este atributo? Los proyectos como hechos históricos, son hechos básicos por el acontecer del contenido proyectual y por eso constituyen la espina dorsal de la historia en la arquitectura. Entonces, estos hechos pertenecen a la categoría de materia prima del historiador, al mismo tiempo que constituyen el acontecer del material expresivo. Así se marca que el proyecto como hecho histórico depende de una cuestión de interpretación, como lo insinúa Carr, "la movediza barrera que separa a los hechos históricos de los que no lo son se esfuma porque los pocos hechos conocidos son todos ellos históricos"[36]; es decir que son hechos controlados por el historiador.

Por otra parte, se deja ver que el papel de la historia en el campo del diseño arquitectónico, puede ir hacia el rescate de los hechos olvidados, como una valoración de elementos ignorados; en sí el entorno artificial que se genera expresa los conocimientos adquiridos de una colectividad configurando su propia cultura. Esta cultura según Clyde Kucknohn, es "la manera de vivir de un pueblo, el legado que el individuo recibe de su grupo", y no sólo se refiere a las prácticas y comportamientos instaurados por los grupos étnicos; sino

---

[36] Ibid, p.18.

que incluye también, las cosas tangibles que éstos crean y usan. Entonces, se hace manifiesta una larga gama de objetos, "estas cosas son la huella del hombre y de su cultura"[37]. Asimismo, de su imaginación estimulada por la posibilidad que le sugiere el contexto y las necesidades que le reclaman el progreso, en todo afán creativo existe una premeditación voluntaria de superación que impulsa al hombre a imaginar nuevas opciones que superen alternativas anteriores. Por ello, se hace referencia a la historicidad, no de los objetos tangibles como hechos, sino de la materia arquitectónica manifestada en el proyecto.

Como lo señala Gregotti, "la palabra proyecto lleva implícito un sentido de distancia entre el deseo y su satisfacción, el sentido de un tiempo empleado en el esfuerzo por organizar, en un momento determinado del proceso histórico, una serie de fenómenos en consonancia con un objetivo"[38]. En la actividad del diseño, el proyecto se distingue como documento e historia de la formación de la imagen según una intencionalidad. En este caso, no sólo intervienen los bocetos, anotaciones y gráficos, sino también se piensa y se plasma el contenido arquitectónico.

De esta manera, el proyecto se vuelve hecho histórico porque mediante él, se indaga en la manera cómo se configura y deviene la sustancia arquitectónica, asimismo porque contiene su propia historicidad en cuanto a su condición figurativa y expresiva. Este hacer proyectual es dirigido a una búsqueda compositiva del contenido formal a través del tiempo, de tal manera que la conversión del proyecto como hecho histórico se acerca a la sustancialidad del diseño. Con ello, se deja ver que el material es inevitablemente histórico y

---

[37] Ricard, André. Diseño ¿por qué? Colección Punto y línea, Barcelona, Gustavo Gili, 1982, p.20.
[38] Gregotti, Vittorio. El territorio de la arquitectura. Barcelona, Gustavo Gili, 1972, p.13.

el diseño se toma como un quehacer activo cuya materia se ha conformado a través del tiempo. Así el ejercicio del diseño se encuentra anclado a su condición histórica, en donde el proyecto funciona como un informe, dato o hecho físico que el arquitecto conforma con un contenido que manipula. En este sentido, el proyecto cuenta como hecho histórico, no por sí mismo, sino por la sustancia ofrecida a la configuración de la imagen. Aquí la hipótesis formal aparece en la historia de la imagen que va desde su origen ideal e imaginario hasta concretarse y representarse; por lo que se pasa a una segunda noción, la idea de proyecto ya no sólo se basa en la noción de material, sino que se refiere también a la historicidad de las materias con las que trabaja la arquitectura.

En otro sentido, esta historicidad aparece como una riqueza de articulaciones complejas, "con todo, tal complejidad de la materia no se nos presenta como un diseño unívoco y general de desarrollo, ni según la historia, sino según las historias de la pertinencia de la materia a distintos niveles de definición posible"[39]. Esto indica que dicha materialidad se reconoce en sí, a través de la sedimentación histórica de la disciplina como propia del operar según intenciones, reflexiones y experiencias sobre ésta, en una diversidad de estructuras.

Como síntesis, al determinar al proyecto como un hecho arquitectónico se hace alusión a la sustancia, y al determinarlo como hecho que sirve a la construcción historiográfica de la arquitectura, se indica que estos sistemas de materias son estructuras complejas que van conformando la imagen de la obra en un tiempo; por lo que, se hace referencia a un sentido histórico, no en

---

[39] Gregotti, Vittorio, et. al. Teoría de la proyectación arquitectónica. Barcelona, Gustavo Gili, 1971, p.224.

la dimensión perceptiva del objeto o en la interpretación del proceso, sino a partir de la conformación y organización de los contenidos que germinan en el proyecto, asimismo a partir de ello se podrá ver cómo se fragua su condición expresiva.

Concluyendo, señalaremos que la concepción que interpreta al proyecto como referente histórico por su devenir sustancial y por su condición expresiva, marca una pauta de reflexión por un lado, sobre la posición que ha tenido el diseño en la explicación histórica de la arquitectura y por otro lado, sobre el papel que juega el historiador de nuestro tiempo en su actitud de compilador; muchas veces más que hacedor de hechos, de estructuras teóricas y metodológicas que lo lleven a la interpretación de la naturaleza de las cosas. Esta postura en sí, no pretende ser un argumento que verifica o refuta a los hechos, sino que apunta hacia su conformación o bien, trata de entenderlos desde su origen.

Con ello, se dibuja un horizonte que se abre hacia una reflexión que palpita entorno a la historicidad del contenido que se identifica como arquitectónico, como alternativa que trata de dar sentido a la vinculación entre la historia y el diseño. Esta unión busca por esencia, indagar en lo proyectual sometiéndolo a una condición interpretativa, selectiva y operativa, esto supone una tarea que se refiere al diseño desde su condición sustancial, sin adjetivaciones y por consiguiente, incluye al proyecto como un hecho histórico que lleva a una interpretación del tiempo, del contexto y de una espacialidad propuesta. Bajo una visión que se limita a la concepción y a la plasmación de lo arquitectónico, y que dota al proyecto de un sentido imaginativo y creativo.

Por otro lado, se entiende que hacer historiografía en la arquitectura es el trámite inevitable para proyectarla y para interpretarla. Lo que permite establecer una relación de continuidad entre el quehacer arquitectónico del pasado y del presente. Esta interpretación del papel de la historiografía en la disciplina será entendida como la reflexión y el análisis de los hechos arquitectónicos, con el fin de promover nuevos caminos que manifiesten los vínculos, la utilidad y el continuo traslado de contenidos entre ambas disciplinas.

Bibliografía

Ferrater Mora, José. *Diccionario de filosofía*, Vol. I a IV, Madrid, Alianza, 1979.

Ricard, André. *Diseño ¿por qué?*, Barcelona. Gustavo Gili, Colección Punto y línea. 1982.

Ehrenzweig, A. *Psicoanálisis de la percepción artística*. Barcelona, Gustavo Gili. 1976.

Gregotti, Vittorio. *El territorio de la arquitectura*. Barcelona, Gustavo Gili. 1972.

De Bono, Edward. *El pensamiento creativo*. El poder del pensamiento lateral para la creación de nuevas ideas. México D.F. Paidós. 1992.

Rodríguez Estrada, Mauro. *Manual de creatividad*. México D.F. Trillas. 1990.

Howard C. Warren. *Diccionario de psicología*. México D.F. Fondo de Cultura Económica. 1964.

Diccionario de la lengua española. México. ECISA. 1990.

Lambert Brittoin W. *Desarrollo de la capacidad creadora*. Buenos Aires, Kapelusz. 1972.

Cortés Morató, Jordi; Martínez Riu, Antoni, *Diccionario de filosofía*. Barcelona, Herder. 1991.

Gregotti, Vitorio et al. *Teoría de la proyectación arquitectónica*. Barcelona, Gustavo Gili. 1971.

Lalande, André. *Vocabulario técnico y crítico de la filosofía*. Buenos Aires, El Ateneo. 1967.

Carr, H. Edward. *¿Qué es la historia?* México, Ariel. 1991.

De la forma

La forma de la expresión arquitectónica

Hablar de la forma en el campo de la arquitectura, implica hablar de diversos significados, sin embargo, en esta investigación se reflexiona sobre su sentido. Ésta implica algo más que la apariencia del objeto arquitectónico, ya que expresa un contenido dado que la organiza y detona, entonces se reconoce en una paridad con la sustancia que la conforma. La materia arquitectónica dicta a la forma y por lo mismo, determina su expresión, esta concepción nos obliga a indagar en los elementos que la constituyen, sugiriendo un campo fértil para el territorio del diseño, dichos contenidos son materia de expresión, como fruto de una opción teórica. Esta materialidad, no sólo se identifica como cualidades o atributos del objeto, sino también como elementos conceptuales que sirven para identificar y explicar el objeto; es a través de estos medios como se puede actuar directamente sobre el proceso y transcurso del hecho arquitectónico. En cualquier estructura espacial puede aparecer este conjunto de sustancias, válidas por su aspecto de unidad, como el resultado de un acto de integración libre, en una asociación de elementos dotados de un lenguaje y pertenecientes a un principio ideológico. Al llegar a este punto lo que nos interesa es establecer la serie de contenidos que dan identidad al objeto arquitectónico. Por ello, se plantea que la forma de la expresión arquitectónica expresa todo lo que la articula y le da sentido.

El concepto de la "forma"

El término "forma", tiene diversas acepciones, es la esencia necesaria o sustancia de las cosas, que tiene materia. Para Aristóteles la forma reclama a la sustancia, y reconoce que es la causa o razón, ser de la cosa, aquello por lo cual una cosa existe; ésta es el acto material de la cosa, el principio y el fin de su devenir. Para Bergson, es una instantánea tomada sobre una transición; es decir, una especie de imagen medida, ésta imagen se toma como la esencia de la cosa, es la cosa misma y se le confunde con la cosa en sí. Hegel, menciona que la forma como totalidad de las determinaciones, es su manifestación como fenómeno, en este sentido es la manera de manifestarse y organizarse de la materia o sustancia de una cosa; en cuanto la forma coincide con la materia, ésta dicta a la materia que se da a conocer. Para Kant, la materia del concepto es el objeto, el significado de la forma se reconoce como la relación y organización de las partes; Dewey señala que, "sólo cuando las partes constituyentes del todo tienen el único fin de contribuir a consumar una experiencia consciente, el designio y el modelo pierden su carácter superpuesto y se convierten en forma"[1]. La forma no es una apariencia, estas nociones dictan que la forma se refiere a la manera de una organización determinada, que describe una relación, hay una exigencia de organización en la que se concierne a la sustancia o contenido que se manifiesta y da pie a la forma.

En la forma se explica a la materia que la determina, aquí se reconoce y distingue como sustancia, es la organización de contenidos en un todo, disposición, manera de organizar los elementos. La forma en la expresión arquitectónica está dada por la organización de la materia, ésta cobra forma a través del contenido manifiesto, es su mezcla, conexión e interrelación. Y entendida como la agrupación de materiales del diseño compone el núcleo sustancial de la expresión, éste contenido se refiere a las propiedades reales del objeto; es como señala Vilches: "La correlación entre el aspecto formal y

---

[1] Abbagnano Nicola, Diccionario de filosofía, México-Buenos Aires, Fondo de Cultura Económica, 1961, Pp.567-568.

sistemático de una expresión o estructura superficial, con un aspecto formal y sistemático de un contenido o estructura profunda"[2]. La forma subraya la función de contener y sostener una sustancia, éste es el interior que la expresión envuelve, es su identidad manifiesta, así el contenido la define y explica.

Estudiar el tema de la expresión arquitectónica, es en el fondo estudiar el contenido donde se enclava una variación de elementos que producen una entidad expresiva, estos están estructurados como un todo. Así la forma de la expresión está dada por su contenido en la medida en que se muestra su articulación. Ésta "quiere decir aquí, la distribución y ordenamiento en los lugares del espacio de las partes de la materia"[3], así determina el ordenamiento de la materia, ésta se concibe entonces como portadora de sus contenidos, como la unidad y sustancia conformada. Esta caracterización de la forma, se origina porque llega y presenta a su propia esencia que tiene como directriz y predominio.

La materia entonces se presenta como totalidad en lo descubierto, en el reino en el que se mueve, este regirse por algo. La forma de la expresión no está dada sólo como una apariencia, sino que es en ésta donde la sustancia opera. La materia fija a la forma, la confecciona, ésta es el acabado útil, es el contenido formado como preparación para el uso. Para comprender en este sentido el concepto "forma" de la expresión se debe limitar fundamentalmente como una organización, disposición manifiesta cuyo objetivo es poner en correlación un contenido. La expresión adquiere una forma, su significación

---

[2] Vilches Lorenzo, La lectura de la imagen, México- Buenos Aires, Paidós, 1986.
[3] Heidegger M., Arte y poesía, México, Fondo de Cultura Económica, 1997, p.52

resulta en cuanto se mira el interior que la integra, ésta se refiere no sólo a la manifestación del contenido, sino a su composición y leyes de su estructura, así se alberga la posibilidad de que la expresión tenga la capacidad de agotar sus elementos. El estudio de la forma requiere mostrar cómo se engranan los materiales del diseño y cómo su interrelación determina la configuración del objeto. La relación entre materia y forma de la expresión, sirve para designar estructuras significativas, la forma se asocia y se imprime en la materia, ésta no puede permanecer en un solo estrato, sino que tiene a la vista la totalidad de contenidos a partir de los cuales se constituye. Los contenidos vivifican a la materia en el fenómeno de la expresión, se da a conocer algo interior, así la forma es la dirección y explicación de lo contenido.

"La expresión, señala Cassirer, es en esencia propiamente exteriorización", manifestación y encarnación del contenido, "la expresión manifiesta como su sentido, se pregunta por el ser que se encuentra a la base de ella"[4]. La forma y el contenido están vinculados y referidos uno al otro, de esta manera, Cassirer identifica tres formas de la expresión atendiendo a la relación con el contenido:

a) La expresión mimética, donde no se libera el signo expresivo del contenido intuitivo, se ve a la expresión como una auto evidencia, como preguntándose por el ser que se encuentra a la base de ella. En esta forma, signo y contenido se funden o se representan como una concordancia entre sustancia y cuerpo

---

[4] Cassirer E., Filosofía de las formas simbólicas, México, Fondo de Cultura Económica, 1998. Pp.117, 115-126. Aquí Cassirer explica a las formas de la expresión identificándose él con la forma simbólica. Para él, el sentido y la dirección básica de la función expresiva puede ser captada con la máxima claridad y seguridad si se parte del mundo del mito. Cassirer asegura que la expresión está permeada y animada por ese sentido; sin embargo, esta postura sólo se menciona, pero no nos ubicamos en ella, ya que desde aquí no podría afirmarse que el sentido de la expresión arquitectónica siempre es mítico y que ésta queda representada con un lenguaje.

generando una coincidencia absoluta. En ésta el contenido es la idea representada de la forma concreta.

b) La expresión simbólica, donde los contenidos y símbolos son independientes, podemos ver en la expresión una especie y dirección particular de lo simbólico. En este caso, el concepto de lo simbólico se entiende por dotación de sentido, de lo sensible, en su ser ahí y su ser así; la expresión es como la manifestación de su sentido emotivo que coincide o se separa de lo que se representa.

c) La expresión analógica, donde el contenido y el signo expresivo se separan y diferencian gradualmente. Estos pueden parecerse o darse una analogía entre la forma, el signo y el contenido; pero no aseguran su identidad o su coincidencia. Son unidos en similitudes y se divide el mundo interior del exterior, lo corpóreo ya no aparece como la manifestación inmediata del contenido.

Al igual que Cassierer, Hegel señala las formas de relacionarse la forma y el contenido, en la primera se distingue una ramificación de contenidos en una unión e identificación contenido-forma, éstos se manifiestan de forma directa, en una conciencia absoluta por el contenido que se manifiesta. En la segunda distingue la diferencia entre el contenido y la forma, en donde el contenido se libera de la forma o viceversa; y en la tercera se ve la separación total de contenido-forma[5]. Estas formas de la expresión identifican a las relaciones que existen entre el contenido y la forma, y en lo que se refiere a lo arquitectónico pueden ser o surgir. Sin embrago, nos colocamos en la postura de la forma de

---

[5] Hegel G. W., Lecciones de estética, México, Ediciones Coyoacán, 1997, p.113

la expresión mimética, ya que lo que se trata de explicar es efectivamente esta relación directa entre la forma y el contenido; no negando su ruptura como lo hace la forma analógica o bien atribuyendo significados o sentidos especulativos. Simplemente el fenómeno expresivo se explicará desde su forma mimética con el contenido, y desde aquí se verá la esfera del contenido como el cuerpo y sustancia de la expresión.

En este caso, el contenido no pretende ser verdadero, sino más bien concreto, la adecuación del contenido arquitectónico se presenta como una generalidad abstracta que no ha experimentado aún una concreción precisa; por ello, se busca en lo que caracteriza a la arquitectura. Estos conceptos o trasfondos son tomados como tales para dar sentido a la idea sustancial de la arquitectura, como su continente y materia. Entonces, para estudiarlos, habrá que analizar a la expresión y entenderla como comunicadora del contenido manifiesto y velado.

Dentro del fenómeno expresivo, la forma "significa un contenido que a su vez se subdivide en unidades relevantes organizadas en sistemas semánticos; de manera que en arquitectura el hecho de articular, cierto espacio de determinada manera significa la subdivisión de todas las articulaciones y disposiciones espaciales posibles (sustancia de la expresión), de acuerdo con un sistema de oposiciones (formas de la expresión)"[6], con el fin de comunicar. La forma está contenida toda en la materia, es el reconocimiento de ésta, no hay forma sin materia, ésta penetra en toda la organización del contenido, haciéndose su estructura y organismo.

---

[6] Broadbent, Bunt, Jencks, El lenguaje de la arquitectura, un análisis semiótico. México, Limusa, 1991, p.225.

El contenido arquitectónico

Contenido, materia, sustancia que compone a los cuerpos físicos, elementos que entran como ingredientes, compuestos que se necesitan para una obra, o el conjunto de ellas. El contenido es entendido como la "materia", unidad inmediata que da la coexistencia a una cosa y donde se funde su existencia, éste da forma a la expresión. "La cosa se divide así en materia y forma", la materia contiene la existencia en cuanto a la reflexión de la expresión, ésta como unidad conforma la totalidad de las formas. Pero la forma contiene ya, la reflexión en sí, "tiene lo que debe constituir la determinación de la materia. Ambas son en sí lo mismo. Esta su unidad puesta es, en general, la relación de materia y forma"[7]. El contenido le da una identidad a la forma y carácter, éste no carece de forma, sino que es su manifestación, tenemos aquí la relación absoluta del contenido y la forma.

Esta relación es una de las determinaciones más importantes, ya que lo que se exterioriza y manifiesta en la expresión es la forma. La expresión tiene su forma en esta exteriorización de contenidos que se desarrollan y revelan. Así lo que se manifiesta es el contenido interno que dota de riqueza al todo, éste es la inclusión y comprensión de todos los conceptos y elementos coherentemente pensados; este sistema de materias representan el medio con el que trabaja y se muestra la arquitectura. Decimos material, porque se entiende a la materia ya dotada de sentido, que proviene de un conjunto disciplinar, por ello, se dispone y es convertido en materia formal de la expresión. "Es la materia que reconocemos a través de la sedimentación

---

[7] Hegel, G.W. "Enciclopedia de las ciencias filosóficas", México, Porrúa, 1971, p.74. En este texto Hegel denuncia claramente la relación entre contenido y forma, el contenido lo define como la materia que da existencia a la forma y la forma es mediante su materia.

histórica de nuestra disciplina, como propia de nuestro operar, sea según formas, intenciones, técnicas o sentidos enteramente distintos. - Esta materia se puede definir como la forma física del ambiente en función del habitar humano"[8].

Instrumentos útiles, materias primas aptas para ser y transformar el espacio arquitectónico. Sin embargo para su interpretación es difícil establecer contenidos fijos o justos, ya que en esta conformación influyen diversas consideraciones, por esto se maneja que la arquitectura está estrechamente ligada con los elementos que la conforman. Esta idea de material, siguiendo a Gregotti, "comprende toda la materialidad del mundo existente, sus cosas, convicciones, nociones, ideologías, consideradas desde el punto de vista del habitar humano -y el carácter, específico de la acción arquitectónica consiste en la conexión de los materiales existentes según relaciones comunicativas capaces de dotar de sentido a la forma del ambiente físico"[9].

Avanzar en esta noción de material en el proyecto, no es tarea fácil, ya que para responder al ¿qué expresa la arquitectura?, pueden surgir un sin fin de consideraciones o interpretaciones. Aun así, siguiendo el pensamiento de Gregotti, y justificando la presencia de éstas, se menciona que la arquitectura está hecha de materias dispuestas con cierto orden para determinado fin, el de habitar; y el grado de significación de este orden se revela en la forma. Esta noción de material "se refiere a la historicidad de las materias con que trabaja la arquitectura"[10]. Dicha historicidad de materias trata de proponer nuevos objetivos de valor frente a los cuales la historicidad de éstas, se

---

[8] Gregotti Vittorio, et al, Teoría de la proyectación arquitectónica, Barcelona, G. Gili, 1971, p.209
[9] Gregotti Vittorio, Op cit, p.209.
[10] Gregotti Vittorio, Op cit, p.223.

ofrezca como una riqueza, como una articulación compleja a distintos niveles de definición en el objeto. Estos contenidos se plantean como una acción crítica de los datos que intervienen en la fundación de la hipótesis del proyecto, son materiales con los que el arquitecto trabaja en un modo lógico para formarlos, proponerlos y conectarlos; ordenándolos en una condensación que produce la forma expresiva. "La forma arquitectónica de un fenómeno, es de hecho, de un lado, la manera cómo las partes y los estratos se han dispuesto en la cosa, pero a la vez es el poder de comunicación de aquella disposición"[11].

Esta materialidad consiste en una particular relación entre los diferentes elementos capaces de orientar según un sentido los actos de las operaciones que realizamos como arquitectos. Para esto, conocer un objeto es, pues, en el fondo, tener conciencia de su naturaleza, y las percepciones más objetivas que tenemos de éstos son aquellas que nos revelan el origen de los objetos mediante su análisis y comprensión. Se trata entonces, de analizar no solamente lo que nos revelan por su existencia, sino por su conformación, en donde se revelan los contenidos y características expresivas de su constitución. Esta articulación en la que se organiza la materialidad significante, nos permite formular un instrumento de lectura.

Partiendo de esta formulación se prevé el análisis y distinción de diferentes elementos que entran en juego; entendiendo que la forma de la expresión arquitectónica se da por medio de la imagen que los materiales ordenados ofrecen, el problema entonces es saber cómo en la expresión arquitectónica se han escogido y seleccionado los materiales que la constituyen. Esta

---

[11] Gregotti Vittorio, Op Cit, p.221.

posibilidad de seleccionar algunos aspectos o elementos que fungen como contenidos arquitectónicos, resulta ser un territorio fluido, a pesar de esto se tratará de enunciar algunos, de los que destacan: La habitabilidad, la contextualidad, la ambientalidad, la espacialidad y la constructibilidad[12]. Agregando a estos la temporalidad y lo compositivo, en este sentido se consideran como contenidos determinantes en tanto que componen y condicionan a la expresión arquitectónica, éstos reposan en las concepciones y posiciones normativas de la misma disciplina en la que surgen, así se constituyen como el pliego de condiciones del diseño de las cuales partir, de esta manera brotan una serie de materias ligadas a la expresión del objeto arquitectónico. Estas no se toman como algo comprobado, simplemente se admite su existencia, como una serie de lazos explicativos del hecho arquitectónico.

El diseño de la expresión formal posee en su configuración elementos que se derivan del conjunto de hechos, datos y situaciones que rodean al objeto (elementos materiales del diseño), y que se consideran necesarios para que un objeto tenga identidad, como rasgos comunes y requisitos que se ponen en juego para que el objeto cumpla su finalidad, la de ser habitable. En esto se entenderá que el objeto no equivale sólo a la síntesis de la forma, sino a todo el discurso que se implica para llegar a esa síntesis formal. En esta síntesis se implica todo el dispositivo donde se articulan, ordenan y simplifican todos los contenidos arquitectónicos.

---

[12] Estos conceptos se construyen conceptualmente en el Taller de investigación: La habitabilidad, la espacialidad y el diseño, en la maestría de Arquitectura, Impartido por el Mtro. Héctor García Olvera y el Mtro. Miguel Hierro Gómez en el CIEP, FA, UNAM.

La arquitectura, entonces propone problemas sobre su propia estructura y sobre como se han seleccionado los materiales que la constituyen y forman parte de ella, actuando como sus fundamentos; por eso, la complejidad formal de la expresión arquitectónica se relaciona con diferentes elementos que se transmiten y quedan claros al analizar el esquema figurativo del objeto edificado. En esta complejidad intervienen la diversidad de materiales antes mencionados, actuando como la suma de partes, manifestando una manera de ordenarse y combinarse dentro del objeto, dichos materiales se organizan en un sentido arquitectónico, son elaborados y dotados de intención a través de los procesos de composición.

La finalidad del contenido arquitectónico

Lo que nos hace conocer a los objetos exteriores es nuestro estado consciente de lo que éstos son. Conocer un objeto en el fondo, es tener conciencia de su naturaleza, de su forma, de su modo y orden; en la forma se identifica a la materia con la que se trabaja, sus contenidos y sustancia. En la expresión arquitectónica esto es lo que se revela, es su forma de existencia.

Los caracteres expresivos de la obra se dan en el manejo de dichos contenidos proporcionados en la forma, éstos determinan la materia de la expresión y la fisonomía del objeto que los expresa; en él se distinguen como un conjunto organizado. ¿Pero qué sabemos de éstos, que nos permita afirmar que son la forma de la expresión en el objeto? Estos contenidos conforman el fenómeno de la expresión, y podemos enunciarlos como la sustancia revelada que actúa bajo una síntesis de conceptos y elementos lingüísticos que intervienen en la configuración del hecho arquitectónico.

Entonces, "la obra expresa lo que debe y puede expresar"[13], el contenido es la expresión del rasgo material ordenado, "medio expresivo" cuyo "medio comunicativo" es en el cual se constituye. Lo que se trata, es saber de qué manera es posible considerar cada uno de los aspectos que intervienen en la conformación de la expresión arquitectónica, como expresión de razonamientos y elecciones reflexivas y teóricas, colocando en el punto focal los contenidos manifestados y descubriendo los principios mediante los cuales se configura. Esto indica que la constitución del contenido arquitectónico no es un hallazgo ni es una elección espontánea, en cierto sentido, se constituyen como la acumulación de un testimonio experimental y son una serie de consideraciones que en cierta medida históricamente y teóricamente se han tratado como determinantes al respecto de la disciplina.

Esta paridad forma-contenido, conjuga un binomio que puede transformar cualquier expresión, si pensamos que está dada por un conocimiento en búsqueda de su realización; dicho conocimiento del objeto, dicta la forma de su transformación interna, por ello, indagar en los elementos y contenidos que sirven para identificar y explicar la manifestación del objeto como medios materiales disponibles, es una buena justificación para actuar directamente en el transcurso formal de la expresión arquitectónica. En ello, se aclara que el contenido no es tomado como fijo, sino que es una propuesta y posiblemente nos entrañe diversas conformaciones concretas. Es decir que esta materia aún no se toma como algo "dado", y la cuestión es saber como esta materia no dada se somete a un entendimiento, sin que se origine un patrón en cuanto a su validez; entonces cuando se pregunta por la materia de momento

---

[13] Prudhomme Sully, La experiencia de las bellas artes, La Psicología aplicada al estudio del Arte y del Artista, Buenos Aires, Joaquín Gil, 1954, p.233.

sólo se explica y se justifica como una búsqueda consciente por un contenido.

Las dificultades dialécticas y teóricas en que nos envuelve esta explicación se han puesto de manifiesto durante el desarrollo del trabajo, y es posible que estas dificultades se comprendan si consideramos que lo que se tiene que hacer no es tanto resolver un problema, sino más bien incurrir en el problema.

Desde este punto de vista, esta intervención parece comprensible y hasta necesaria; ya que apunta a una aplicación del contenido que posiblemente cualifica a la arquitectura cuando se refiere a la materia que se da en ella. Como lo señala Muntañola, "el problema de la arquitectura es que esta coordinación entre figura y concepto, es a nivel espacial de habitar, de utilizar, del mirar -nosotros por una fachada plana, entendemos un concepto con alto contenido figurativo"[14]. La arquitectura son los objetos y las estructuras que tienen un valor figurativo y conceptual, los conceptos son la estructura, el contenido que se exige y que rige a la forma expresiva. Este contenido conceptual constituye un sistema concluso pero no definitivo, son materias de conocimiento y pueden modificar su articulación formal, es una elección de elementos básicos que proporciona una visión y una construcción hipotética.

Esta construcción formal, es propositiva y adquiere automáticamente un carácter teórico necesarios para definir el contenido arquitectónico como axioma, o serie de postulados que han de servir como instrumentos para formular una imagen del objeto. Así la habitabilidad, la constructibilidad, la

---

[14] Muntañola J., Arquitectura: texto y contexto, Barcelona, Universidad Politécnica de Cataluña, 1999, p. 29.

espacialidad, la temporalidad, la contextualidad, lo compositivo y la ambientabilidad precisan la validez y la función del contenido arquitectónico.

Las funciones del contenido arquitectónico

Su función comunicativa y significativa

La obra arquitectónica expresada, se hace comunicable y lo que expresa es un pleno de contenidos que constituyen en la obra un medio expresivo, es decir que por medio de éstos la obra está destinada a prestar una significación. Esta materia de la forma no sólo acentúa el sentido expresivo de la arquitectura, sino que sirve a la vez para indicarnos las relaciones que pueden cobrar en el objeto. Se puede decir entonces que, la evaluación positiva de la expresión arquitectónica depende de su autenticidad. "Se vive en un medio ambiente -en que la apariencia de los objetos indica- su finalidad, y el modo en que se le ha manejado"[15].

Es decir, cuando estos objetos tienen expresiones de su producción, de su material, de su función, de su esteticidad, de su relación con el contexto, y de la conformación del ambiente y espacialidad. Esto permite el conocimiento del significado en cuanto a maleabilidad material, aquí los contenidos se hacen comunicables, éstos son propios del objeto confeccionado, en cuanto se refieren o definen como los elementos que intervienen en la elaboración estructural del objeto, confiriéndole un sentido expresivo.

Así pues, la unidad arquitectónica posee ya toda la capacidad expresiva, donde los contenidos proporcionan una información particular acerca de los componentes y relaciones de los elementos existentes, la expresión arquitectónica

---

[15] Hesselgren Sven, El hombre y su percepción del ambiente urbano, Una teoría arquitectónica, Limusa, 1980, p.137.

constituye así el ordenamiento material y mental de los elementos significativos dentro de la obra. La forma de la expresión queda determinada por el contenido, reflejando en éste la impresión de un lenguaje. La arquitectura, señala Gregotti, "tiene su cualidad, como acto artístico de auto constituirse como significado, aquí es ampliamente integrada, no como vaga intención, sino según un preciso desarrollo de la fase proyectual del proceso"[16].

Estas cualidades materiales se convierten en elementos ligados al conjunto de códigos que constituyen su dimensión semántica. Los contenidos obtienen su carácter comunicable tratando por un conjunto de códigos, prestar significación; en el significado se determina lo que son las cosas, así, la forma de la expresión es distinguida en su entidad por los contenidos que la caracterizan, es en razón de este ordenamiento estructural por lo que es identificada.

El contenido está pendiente de sus propias configuraciones en la expresión, dominaciones y "significaciones" propias independientemente de cualquier interpretación y significación simbólica, este significado compromete al contenido, de tal manera que la forma resulta de ellos. En los fenómenos expresivos, explica Cassierer, toda vivencia de la expresión, no significa en principio otra cosa que una pasividad, una receptividad que se contrapone claramente a la espontaneidad[17]. Si desconocemos esto, la explicación de la expresión arquitectónica llena de espontaneidad y emoción estaría detrás de

---

[16] Gregotti Vittorio, et al. "Teoría de la proyectación arquitectónica", Barcelona, G. Gili, 1971, p.210.
[17] Cassierer Ernst, Filosofía de las formas simbólicas, México, Fondo de Cultura Económica, 1998, Pp.95. En este texto, postula que el conocimiento o la realidad no es dada en la sensación, como dato sensible, sino en el fenómeno originario de la expresión. "Sin el hecho de la revelación de un sentido expresivo en determinadas vivencias perceptivas, la existencia quedaría muda para nosotros", p.94.

una percepción simbólica con significaciones subjetivas quedando floja o sin una base sólida. Por esto se interpreta que el significado o la función significativa del contenido en la expresión no es otro, más que el mismo contenido que se denota, nombra o representa.

La realidad entonces no podría ser deducida como mera percepción de las cosas si no estuviera de algún modo contenido el sentido de la expresión, su materia, y se manifestara de manera particular. La relación que guarda el signo en la significación es respecto del contenido significativo al que apunta y representa. "Todos esos actos de expresar, representar y significar nunca están inmediatamente presentes en cuanto tales sino sólo se hacen visibles en sus productos como un todo. Tales actos existen sólo en la medida en que entran en acción, manifestándose a sí mismos en esa acción"[18]. Esta relación no se pone de manifiesto en modo alguno en la interpretación especulativa, por lo que toca específicamente a la relación entre la expresión y su contenido; diferente a lo que sucede con el símbolo o una forma mimética donde lo que observamos exteriormente no posee para nosotros un valor directo, sino que le adjudicamos un valor interior, una significación que anima su apariencia exterior.

Una apariencia, en efecto, que significa algo, no se representa a sí misma y lo que es ella exteriormente, sino algo distinto. Entonces tenemos un elemento interno, el contenido y su forma exteriorizada que sirve para significar, para caracterizar ese contenido. "El elemento interno aparece en el exterior, a través del cual permite que se le reconozca, y que por su parte nos lo

---

[18] Cassierer Ernst, Op Cit, p.125

revela"[19](...) "El signo, pues, está compuesto de un significante y de un significado. El plano de los significantes constituye el plano de la expresión, y de los significados el plano del contenido"[20], la expresión comporta dos estratos entre la forma y la sustancia, la forma es la organización misma del contenido, y la sustancia o materia, es el conjunto de aspectos implicados en el fenómeno arquitectónico, estratos que se encuentran en el plano del contenido. En esta relación de forma y contenido, actúa el significante y el significado, el significado participa del contenido y el aspecto de su forma se vuelve significante.

La significación comporta un plano de forma y un plano de contenido, ésta coincide con la relación de los dos; es decir que la forma es significante y el contenido es el significado en el sistema de la expresión arquitectónica. La significación se ha de entender como "la unión de lo que significa con lo que es significado; más aún, ni las formas ni los contenidos, sino el proceso que va de unos a otros"[21]. La función significativa queda definida como la transmisión de significados, por lo que al contenido se refiere, y los significantes cobran las características lingüísticas de su expresión.

"La forma" como una combinación de contenidos

Sería entonces considerar un marco donde los contenidos se ven como un conjunto de unidades interactuantes, es una experiencia de lo interno-externo en la expresión, que permite concebirlos en una unidad inmediata, tejidos

---

[19] Hegel G. W., Lecciones de estética, México, Ediciones Coyoacán, 1997, p.80.
[20] Rodríguez J. Ma., Arquitectura como semiótica, Buenos Aires, Nueva Visión, 1977, p.46
[21] De Fusco Renato, Arquitectura como mass medium, Notas para una semiología arquitectónica, Barcelona, Anagrama, 1967, p.27. En esta cita, el autor recurre a Barthes, "Ensayos críticos", Barcelona, Seix Barral.

mediante una estructura base, en una interacción continua. El contenido que da forma a la expresión no tiene otra función que la de indicar meramente lo esencial, y se identifica con esta función, entrelazándose y apareciendo como la sustancia o materia en cuya búsqueda partimos. Ésta viene a constituirse en virtud de determinados supuestos teóricos colocados directamente en un fin, "la habitabilidad". La manifestación de éstos se da cuando se exteriorizan, por esto se coloca a la expresión arquitectónica en un conjunto de relaciones y conexiones entre contenidos que le abren un mundo de posibilidades.

"En la forma", en la posibilidad de operar y de combinar, se revelan los contenidos, que en modo alguno, se integran como unidades, cuyo proceso se da bajo un movimiento y cambio continuo. Estos constituyen un todo indiviso en una visión interna del objeto. La función expresiva, es un genuino fenómeno que se da en la estructura interna-externa del objeto; éste se convierte en una manifestación donde se valora la transmisión de los contenidos.

Estos contenidos que caracterizan a un objeto son los elementos que se componen con signos característicos, "a esto se explica la ley de lo característico en el arte", con la finalidad de poner de relieve el contenido a representar. Como lo señala Hegel, "ahora bien, según la definición de lo característico, sólo debe formar parte de la obra de arte lo que esencialmente está al servicio de la expresión, un contenido dado"[22]. La forma como ramificación de contenidos, es una asimilación dialéctica y acomodación figurada, que determina la elaboración, distribución, construcción y

---

[22] Hegel G. W. Lecciones de estética, México, Ediciones Coyoacán, 1997, Pp.77-78. En este texto, Hegel afirma que el verdadero contenido del arte es algo concreto, un elemento que está representado por la forma.

organización del todo. Este esquema de contenidos, Muntañola lo señala como el proceso de lo contenedor y lo contenido[23]. Aquí está el esquema general del proceso generativo del significado, en la fusión contenido y expresión.

Como vemos, la arquitectura se expresa a través de muchas formas y la materia puede tener diferentes estructuras. Se puede estructurar el contenido arquitectónico a partir de los conceptos implicados en un proyecto y articular ese trasfondo que da forma a la expresión, esas capas internas generan una sustancia específica, por ello, la materia está unida con una forma, la expresión es sustancia moldeada, síntesis y orden figurativo. Entonces si nos preguntamos ¿en dónde tiene su origen la estructura contenido-forma en la expresión arquitectónica? Podremos decir que en aquellos rasgos en los que se funda o se origina la forma dada, a partir de una elección de la materia. Con ello, el dominio de su estructuración, de la unión materia y forma está justamente en servir a todo el proceso expresivo. "El origen del útil está en el mero confeccionarlo imprimiendo a un material una forma"[24].

¿Qué opera en la obra?, es la materia formada, así tiene el carácter de la hechura (de su contenido). ¿No es esto donde descansa la obra?, ¿no es aquí donde reposa? Materia que circunscribe, rodea, sostiene y funda el espacio, donde se vinculan entre sí, la existencia de estos vínculos es donde

---

[23] Muntañola Josep, Arquitectura: texto y contexto, Barcelona, Univ. Politécnica de Cataluña, 1999, p.4. Para Muntañola la visión figurativa, conceptual y espacial de la arquitectura es su epistemología. El contenido para el autor es la relación o el entrelazamiento de la construcción y el habitar. La construcción articula el habitar y cuando aceptamos esto le damos un contenido a la construcción; aquí, se retoman los dos como habitabilidad y constructibilidad, sin embargo no son únicos, ya que se encuentran acompañados de otro contenidos que se generan en la estructura de la forma de la expresión.

[24] Heidegger, Martin. Arte y Poesía. México, Fondo de Cultura Económica, 1997, p.61.

se centra, sustancia constituyente e ilimitada. Podemos traspasar esto y mirando introspectivamente pensaremos en relaciones concretas; esto ha de construir un ámbito abstracto y un marco distante y limitado dentro del cuál se pasa de unas a otras. Sin embargo, se entiende que la expresión arquitectónica queda definida en un haz de conexiones entre los contenidos, es un corte en el que la expresión queda formada por hilos que vinculan los contenidos. Es entonces la suma de todas las relaciones espaciales entre los elementos materiales, en estos nace una cadena de influencias, existe un modo de influirse recíprocamente, esta tensión es la que da vida a todo el campo de los contenidos. De estas materias emana el fluido coherente y dinámico que identifica su orden.

Estos elementos están organizados según una idea directriz "principio ideológico" que responde a un lenguaje determinado. Se genera entonces tensiones constructivas u organizativas, donde cada contenido influye sobre los demás. El contenido en la forma es considerado como un conjunto de elementos convivientes, ya que ninguno es dado como único o aislado; así pues, el uso que en este texto se hace del contenido y de las relaciones de influencia o tensiones que se generan entre éstos, pretende denotar la influencia mutua.

Como contenido manifiesto, enunciaremos desde la habitabilidad a la constructibilidad. Al habitar llegamos por medio del construir, aquí acontece, "construir es en sí mismo ya el habitar"[25], en el espacio construido, se cultiva el estar y la experiencia cotidiana del ser humano; construimos y habitamos. Si hablamos de esta constructibilidad ¿dónde quedaría la habitabilidad? Esta

---

[25] Heidegger, Martin. Construir, habitar, pensar. Conferencias y artículos. Barcelona, Serbal, 1994.

se produce al tener contacto con el espacio tangible, en donde se dan las conexiones reales entre contenidos, éstos se perciben en el momento de la habitabilidad. Ésta implica moverse, desplegarse, vivir y experimentar, estar y permanecer en el espacio. Aquí se encuentran captados los demás contenidos, es decir que se experimentan en su misma acción. El rasgo fundamental de la habitabilidad es este mirar por, atravesar, o caminar en, acción que nos lleva a percibir en donde descansa la materia como unidad.

Ahora bien, estos contenidos albergan en la habitabilidad sólo cuando éstos son manifestados, así al construir se conforma también la habitabilidad, se vuelve un construir pensado, una constructibilidad que no sólo obedece a edificar cosas o al material utilizado, sino como una unidad o materialidad elegida que resuelve la existencia física de los contenidos, ésta va implícita en la idea compositiva.

La constructibilidad no sólo modifica el entorno y es consumidora de recursos, sino en ella se produce un continente de actividades que implican su lugar, este diálogo de materiales constructivos habrá de verificarse en un sitio determinado. Espacio que nos atañe, que nos ocupa, "nuestro existir es siempre un "estar en"[26]. Espacialidad de la que no podemos liberarnos, pensamos dentro del espacio, aquí también se aparece la habitabilidad. Esta se nos ofrece como el conjunto de elementos continentes con límites que se confunden con el hueco habitable, la espacialidad está antes poblada por el lenguaje, en ésta la forma de su exterioridad no renuncia a alcanzar un concepto, sino que la conexión de cada elemento es necesaria y puede revelarse o manifestarse en una sucesión temporal.

---

[26] Pardo, J. Luis. La formas de la exterioridad. Valencia. Pretextos, 1992, p.16.

La espacialidad y temporalidad representan el orden de las cosas exteriores, sus secuencias y unen los contenidos. Aquí el espacio interno-externo queda ligado o vinculado con los usos lingüísticos, y se puede decir que el afuera, ese exterior es ante todo el espacio que envuelve, por lo tanto limita a la interioridad. Aquí viene la mínima expresión de la contextualidad, interior derramado y constitutivo de la exterioridad, vinculación explícita del exterior con el interior.

Este pliegue contextual que contiene un desdoblamiento, promueve la vinculación de los límites, se extiende en un espacio y ocupa un lugar; en él se discurre y se mantienen relaciones de cercanía, lejanía, y distancias ligadas y vinculadas como intervalo espacial, como fronteras entre interiores y exteriores. La contextualidad es un conjunto de lugares donde se habita, se mueve y se desplaza para dictar trayectorias. En este orden fenoménico de contenidos, lo que aparece y se presenta es una unión que está dada bajo su composición.

Lo compositivo resulta de la forma en cómo se ordenan los elementos dentro de la espacialidad, éstos conforman un orden y una sucesión de códigos lingüísticos como la luz, la textura, el color, la figura, el fondo, la simetría, el ritmo y la escala. Llegamos aquí a una constatación importante, la tesis de la exterioridad compositiva, de las relaciones respecto a los contenidos, aquí lo compositivo aparece como el productor del orden. En este contenido se comunican todos los demás instantes, encierra en su concepción la relación con los demás contenidos que se dan al mismo tiempo. Este despliegue del acontecimiento compositivo se produce en el espacio, así, la sucesión de la materia refleja el orden de su implicación deductiva o de su relación preinscrita en la espacialidad.

La mención que se acaba de hacer sobre un "orden compositivo" lleva a pensar que como sucesión y relación de elementos, envuelve un orden variable que admite cualquier combinación. Todos los procesos compositivos están contemplados, llevan una lógica interna que gobierna la sucesión, haciendo que todas las combinaciones sean posibles. Estas relaciones compositivas configuran las condiciones del objeto, dicho de otro modo, permiten que exista en términos absolutos una "disposición compositiva".

De esta manera, la conjunción de la habitabilidad, espacialidad, temporalidad, constructibilidad y lo compositivo, dan la idea del espacio, al mismo tiempo que conllevan a un concepto de temporalidad. En este orden de coexistencias está dada la subordinación de elementos lingüísticos que definen y proponen el ambiente conformado. En este esquema los contenidos son percibidos en su totalidad donde al captarlos inciden en los estímulos y conductas del ser humano, para implicar coexistencias del sujeto con el objeto; en esta capacidad de ser afectados existe la ambientabilidad, ésta surge en la vivencia espacial. Aquí la habitabilidad depende del encadenamiento y disposición de la materia, y su sentido coaliga y surge en la unión del contenido.

Los contenidos arquitectónicos

La constructibilidad

"La arquitectura como construcción, lo que articula es el mundo físico fundamentalmente, las formas físicas a través de la construcción se articulan y materializan en formas y esto determina un espacio"[27]. "La forma del edificio, además de satisfacer las "necesidades" humanas está condicionada,

---

[27] Muntañola Josep, Arquitectura: texto y contexto, Barcelona, Edición Univ. Politécnica de Cataluña, 1999, p.51.

siquiera hasta cierto grado, por los recursos disponibles en cuanto a materiales"[28]. La construcción se distingue como continente de las actividades humanas, como modificador de determinado clima, como símbolo cultural, como consumidor de recursos. La constructibilidad se logra al confluir en el espacio tangible las actividades humanas desarrolladas en espacios internos adecuados en lo que respecta al tamaño y la forma. Estos espacios existen en relación recíproca con las actividades internas a la construcción, esta constructibilidad determina los elementos que polarizan la actividad; modifica el ambiente en cuanto delimita e indica superficies por medio de muros, techos y estructuras que actúan como barreras o filtros entre los espacios cerrados y el ambiente exterior.

La construcción como símbolo cultural opera incluso cuando el arquitecto se identifica con el lugar, la localidad. La constructibilidad funciona como elemento de identidad donde los materiales y procedimientos constructivos responden a una tradición constructiva. Ésta como consumidora de recursos y procesos correspondientes opera con el material elegido a raíz de una valoración en su uso manejando su manera de lenguaje, su vocabulario. Aquí se da la terrena materialidad y su orden figurativo, en donde los atributos característicos de un material están relacionados con su orden y estructura física que en la construcción del objeto se reconocen como recursos y posibilidades para propiciar la expresión final. La complejidad constructiva, el conjunto de elementos y la diversidad de órganos que aparecen para obtener una totalidad, son la suma de las partes con su ordenación y combinación. La constructibilidad se define como la materialidad lógica en la que se definen

---

[28] Broadbent, Bunt, Jencks, El lenguaje de la arquitectura, un análisis semiótico, México, Limusa, 1991, p.146.

los objetos, es la existencia misma de la entidad arquitectónica. Esta no sólo trabaja con los materiales constructivos y procesos sino con el orden o desorden figurativo.

La espacialidad y temporalidad

En el espacio se propicia y se da lugar, éste "es el ponerse de la identidad del espacio y del tiempo (...) El lugar es la individualidad espacial"[29]. Espacialidad que se da cuando se tiene contacto con el sitio vivido, implicando movimientos y desplazamientos. Aquí se vive y se perciben los elementos y límites que la determinan, la espacialidad se entiende como la cualidad posicional de los objetos materiales en el mundo, como el continente de todos los objetos tangibles, ésta se convierte en un campo habitable.

Descartes establece la diferencia entre lugar y espacio: "El lugar, señala la situación en forma más expresa que el tamaño o la figura, y por lo contrario, pensamos más en éstos últimos cuando hablamos del espacio". Cuando se dice que una cosa está en determinado lugar, se quiere decir que está situada de una manera determinada con respecto a otras cosas, pero si agregamos espacio entendemos que posee un tamaño y una figura. Para Leibniz el espacio es "el orden de las coexistencias", y para Einstein "nuestro espacio físico, tal como lo concebimos para el trámite de los objetos y de su movimiento, posee pose tres dimensiones", agregando a este la coordenada del tiempo. Para Hegel " el espacio es una mera forma, ósea una abstracción,

---

[29] Hegel, G.W., Enciclopedia de las ciencias filosóficas, México, Porrúa, 1971, p.129.

y precisamente de la exterioridad inmediata"[30], espacio que las formas crean, donde existen volúmenes.

El espacio pone en movimiento la materia que lo configura, determina sus proporciones, mide y ordena sus ritmos. En la espacialidad se conocen los atributos de orden que proporcionan a la materia determinación formal; ésta surge entre los muros, en la relación con el límite y el volumen perforado, así se convierten en la matriz del espacio y surge lo construido. ¿Qué es entonces la espacialidad? Se habla de un campo específico de actuación, donde se da la convivencia con lo dado, espacios entrecruzados por límites y fronteras donde la temporalidad interviene. Proceso ocurrido entre espacio y tiempo. Lugar que las formas crean y donde asocian la dialéctica figura-fondo, es el espacio vivido que implica movimientos, desplazamientos, es la cualidad posicional de los objetos que determinan el orden de coexistencias hombre-espacio.

Se puede decir que la espacialidad es todo lo anterior, aun así se propone una definición construida a partir de estos conceptos. Se refiere al campo específico donde actúa el hombre con lo dado en un intervalo de tiempo-espacio, así se generan espacios incluidos, entrecruzados y vacíos que surgen entre los límites, las fronteras y los volúmenes. Permite que el hombre se percate de la posición de elementos materiales, de su orden, de sus dimensiones y de sus coexistencias. La espacialidad es un campo específico de actuación en un gesto de fusión, donde la forma en un pacto de convivencia entre el hombre y lo dado, es captada. Aquí la temporalidad se

---

[30] Abbagnano Nicola, Diccionario de filosofía, México-Buenos Aires, Fondo de Cultura Económica, 1961, Pp.436 -437.

define como espacio con tiempo ocurrido, con un inicio y un final, y que se reconoce por "momentos". El espacio que se comprende se desarrolla desde el principio para conformar etapas, este desplegado es teñido por la temporalidad, es un sistema de sitios que conforman eventos.

De esta manera, como uno de los contenidos formales de la expresión se vuelve un vacío que trabaja con los volúmenes, materiales y con la luz, crea espacios en tensión, en oposición o en articulación. Aquí, se ejerce la acción visual, se percibe, se descubre y se revela el vocabulario elegido, en este sentido, el soporte lingüístico está conformado y objetivado.

La espacialidad requiere del vacío que queda contenido entre los límites del objeto, entre la conformación de las superficies interiores y exteriores. Aquí los límites cobijan un vacío exterior o abrazan un vacío interior, hay elementos que no sólo son muros, sino que pueden ser un elemento natural como el agua que propicia la continuidad del espacio y al mismo tiempo la limita. Sin embargo, no sólo se recurre al límite y el vacío, sino que ésta implica también, desplazamientos y distancias que implican "recorridos".

La contextualidad

Es el sitio pensado, el lugar donde se funda la arquitectura con el entorno, donde la naturaleza se manifiesta; la contextualidad como la relación de la arquitectura con el ambiente genera la capacidad de articular los propios elementos arquitectónicos en conjunto con la naturaleza, en ésta se determina la relación hombre, arquitectura y entorno natural o construido.

En la contextualidad se descubren una serie de fenómenos que permiten al arquitecto organizar y relacionar el objeto con el medio, en esta relación se pretende descubrir lo que el sitio encierra, las características físicas, culturales y constructivas para reflexionar sobre las posibles soluciones en una articulación de elementos arquitectónicos en vinculación con el sitio. Esto obedece a una transformación cultural del medio, una continuidad y valoración del lugar.

En esta se da una serie de elementos que sirven para transformar el contexto y entrar en relación dialéctica u opositiva con él. Elementos contextuales con los que se vincula el objeto arquitectónico, variando su articulación con el entorno que significa "esencialmente todo lo que está alrededor de un individuo en el espacio o en el tiempo"[31]. La contextualidad se ve como un sistema espacio-temporal, como el sitio próximo, como lo que está alrededor y al alcance, o como el entorno perspectivo. El papel del objeto es modificarlo para convertirse en un elemento condicionante de su forma, de manera que se conecta directa o indirectamente con él y establece un tipo de relación o vinculación en esferas distintas con su contexto. El entorno urbano alberga un tipo de vida y de actividad, constituye un discurso artificial al lado de la naturaleza. Por ello, la contextualidad ocurre cuando el edificio entra en relación con el conjunto de elementos que condicionan de algún modo su ubicación, su posición y composición lingüística; para ésta el objeto arquitectónico tiene una imagen tal que otros conjuntos de edificios pueden tener y ser conectados por la misma armonía.

La contextualidad es la conexión del edificio con el lugar, donde hay un orden de composición, un enredo o unión, esta contextura es la disposición respectiva de los objetos arquitectónicos que juntos componen un todo, un

---

[31] Moles Abraham, Teoría de los objetos, Barcelona, G. Gili, 1979, p.12.

contexto. No es entonces la simple comprensión del medio, sino el análisis de sus relaciones con el hombre en el marco de su cultura, es al mismo tiempo una relación de percepción, de conocimiento y de modificación del medio; donde el objeto arquitectónico reconoce el valor de éste como elemento dialéctico. La contextualidad implica que la experiencia del espacio se prolongue del interior al exterior o viceversa; autores como Muntañola, la definen como el equilibrio entre el objeto arquitectónico y el entorno, entre lo natural y lo artificial[32], o como señala Pozo, "es el estado temporal de equilibrio que el hombre alcanza a través de sus establecimientos"[33]. La ubicación del edificio se define así, en una localidad geográfica determinada y una cultura, en el sentido de la cual, se organiza la colectividad que ahí se desenvuelve y vive. De otra manera es la forma en cómo actúa el objeto en su contexto, ocurriendo que el entorno penetre al interior y la fachada simule ser el entorno mismo, o se pueda enmarcar al paisaje, como si por medio de los límites se atrapara un fragmento del mismo, también puede ser que el objeto actúe en una simbiosis con el medio y se genere una continuidad espacial y visual. Otra manera de relacionarse es a partir del terreno, se da una identificación topográfica o topos-tipo, o bien se puede generar una oposición donde el objeto actúe en contradicción con el entorno.

La compositividad

Significa reunir y disponer diversas cosas para formar un solo conjunto, de modo que todas ellas contribuyen a constituir el todo compositivo. Es el arte de coordinar los diversos elementos lingüísticos que el arquitecto maneja

---

[32] Muntañola Joseph, Comprender la arquitectura, Barcelona, Teide, 1985, p.121.
[33] González Pozo, El dominio del entorno, México, SEP. 1971, p.5.

para expresar un contenido, "la composición, que crea la unidad de un cuadrado, subraya además cada uno de los factores complejos e indisolubles que lo constituyen"[34]. Únicamente la composición es capaz de abrazar a la obra de arte en su totalidad abarcando la organización de elementos para tender acumulativamente hacia un todo terminal. En efecto, ésta revela la existencia de elementos diversos estructurados, configurados y capaces de producir a la obra arquitectónica, es sinónimo de buena construcción, unidad creada, campo de fuerzas y configuración.

Se puede definir entonces a lo compositivo como la coordinación según una idea directriz de los elementos para obtener un efecto estético preestablecido por el arquitecto. Esta coordinación es una operación, donde la idea surgida es el verdadero origen, luego su realización expresiva llegará con la construcción lingüística. Lo compositivo debe conquistar un sentido más amplio, designa la tarea de disponer en el espacio varios signos o códigos según una directriz, para obtener un resultado estético que provoque el efecto deseado. Varios códigos determinan los distintos elementos del repertorio o vocabulario arquitectónico, éstos son los medios prácticos de la operación compositiva dada en un lenguaje particular. En lo compositivo la disposición local y específica de los códigos lingüísticos genera agrupaciones para distinguir el estilo utilizado, esta disposición se rige mediante normas precisas y determinadas.

Lo compositivo aprovecha elementos como la unidad, el equilibrio, el ritmo, la simetría entre otros, conjugados de manera individual. La armonía que esta organización revela da a conocer la diversidad de las tensiones, considera la

---

[34] Germani Fabris, Fundamentos del proyecto gráfico, Barcelona, Ediciones Don Bosco, 1973, p.5.

proximidad y combinación de códigos y llega a producir un efecto de totalidad con infinitos matices; se obtiene así una riqueza expresiva. Esta materia compositiva puede manejarse de forma clásica, libre, continua, manejando contrastes y en todas las maneras posibles que los diferentes códigos puedan ofrecer. La composición puede definirse como un paisaje dinámico de elementos lingüísticos, los cuales se organizan en un conjunto de leyes que precisan un camino, una pauta. Estas leyes son internas y propias del arquitecto, donde interviene un "Kit" de elementos que se combinan, éstos podrían ser considerados especulativamente, señalando un valor expresivo. De esta manera, se define la forma de conexión espacial de toda la materia, no sólo el modo específico de la conexión interna, sino de su resultado externo, es decir el que se manifiesta.

La ambientabilidad

Esta reunión armónica de los elementos compositivos puede manifestarse en cualquier otra categoría, como en la constructibilidad o en la espacialidad, lo compositivo puede manifestarse en el conjunto o la unidad de elementos que actúan siendo éstos lingüísticos. Así, en la ambientabilidad el color, las texturas y la luz van creando efectos compositivos que resultan ser los aspectos más expresivos.

En este sentido, la ambientabilidad surge en el conjunto de relaciones que se establecen entre el mundo construido y el ser humano, el ambiente que se conforma influye en la vida y el comportamiento del propio ser, esta influencia de las condiciones físicas de un espacio sobre el hombre aunada a la acción selectiva que el arquitecto hace de su lenguaje, provocan incidencias en el comportamiento del hombre cuando usa el espacio; el ser humano obra sobre el ambiente y ejerce a su vez una relación con el ambiente mismo.

El ambiente de un organismo no es algo completo, sino que se forma continuamente a medida que el organismo vive y obra"[35]. Se podría decir que éste ha sido extraído del mundo de la existencia del hombre en relación al objeto para expresarse más objetivamente; en un objeto se puede lograr encontrar el ambiente adecuado, coaligado a una serie de características o grupo de elementos lingüísticos, es decir que a partir del manejo, manipulación y selección de éstos, se conforma. La ambientabilidad resta importancia a un espacio neutralizante, aquí la orientación visual, táctil y auditiva son direcciones del lenguaje con un efecto sobre implicaciones psicológicas en el diseño. Así, se rige conforme al efecto psicológico que genera en la conformación del edificio, cuando entran en interacción los usuarios con los edificios, en efecto, esto significa que se conforma un objeto cuyo ambiente será percibido de diversas maneras. Por ejemplo, para exagerar el volumen aparente de un interior, el arquitecto puede especificar que las paredes sean de color azul claro. Es posible que tenga la sensación de que ha creado "un patrón sereno" que requirió de algún "tema recíproco" para producir las reacciones necesarias en los observadores[36]. Aquí entran los mecanismos conscientes que relacionan el estímulo físico con la respuesta psicológica, la organización espacial en este sentido, está basada en los procesos psicológicos, la consideración de estos procesos pueden conducir a estructuras ambientales mucho más apropiadas; así en este juego

---

[35] Abbagnano Nicola, Op, cit, p.44.
[36] Canter David, Psicología en el diseño ambiental, México, Concepto, 1978, p.7.

lingüístico se permite establecer vínculos entre el fenómeno arquitectónico y la vivencia del espacio. La ambientabilidad se genera en un espacio donde los límites son tangibles o imaginarios, es también la secuencia de eventos que ocurren en un espacio conformados por elementos lingüísticos, ya sea luz, color, texturas, planos. Todos los elementos ayudan y crean los diferentes ambientes en un mismo espacio.

Aquí se puede agregar que la ambientabilidad trabaja con el "efecto" que se produce en los espacios, esto señala que no es el lugar en sí, sino que se encuentra en los recursos lingüísticos que conforman a cada evento. Esta sería entonces la secuencia de ambientes, de eventos que generan efectos conformados por códigos lingüísticos. En este caso, es un juego de recursos para crear diferentes ambientes, y posiblemente por estas condiciones identificamos a cada lugar.

La habitabilidad

En lo que se refiere a la habitabilidad, su análisis no sólo se refiere a la función del objeto aunque acompaña su existencia, sino a toda la semántica del discurso objetual. La habitabilidad es la posesión de un objeto, habituarse al objeto, una vez poseído y explorado viene el proceso de su uso, de su función respecto a los mecanismos de la vida cotidiana, el objeto está ligado al tocar, ver y tener.

Desde otro punto de vista, para este término se dan diferentes concepciones e interpretaciones, para diversos autores la habitabilidad está vinculada a la calidad de vida, es decir a la manera de cómo los usuarios disfrutan los espacios, las habitaciones, dicha calidad de vida se liga a los aspectos específicos de una cultura, a su ideología y condición social. Estos autores la definen como, el que la vivienda cuente con áreas indispensables, definidas en una correcta distribución de espacios de acuerdo a las diferentes funciones de los mismos. Es el interior compuesto por la existencia de elementos básicos, cocina, área de dormir, baños, servicios, área de estar[37]. La habitabilidad implica hablar de condiciones que consideramos ideales o por lo menos deseables, implica también asignar a la morada una determinada calidad[38], es un conjunto de consideraciones óptimas. Para Muntañola, la única forma de conseguir una arquitectura con belleza es con la influencia dada entre la utilidad del habitar, la firmeza de la construcción y la convivencia del diseño. Para este autor, la forma de habitar refleja las características de una cultura en un momento determinado, y la forma de una ciudad responde al uso, a la forma de habitar como ritual. La forma de habitar se representa y se proyecta en la conformación del lugar, ésta se refleja en todas las características del objeto arquitectónico[39].

Al hablar de habitabilidad entonces se implica el uso del espacio, en ésta se permean actividades, costumbres, usos y hábitos que se conforman en el ámbito ideológico y cultural. Manifestándose lingüísticamente en la materialidad del objeto arquitectónico, por eso si la habitabilidad se produce cuando el hombre utiliza el espacio y tiene contacto con él, entonces se originan prácticas y actividades que se reflejan y contemplan en la organización espacial. "La arquitectura, empieza allí donde el uso como ritual y el uso como capacidad de representación de la forma se unen"[40]. Este valor de uso refleja que el contacto del hombre con su

---

[37] García Gómez Carmen, 2do. congreso internacional, el habitar para una investigación proyectual, Art. Calidad de vida en la vivienda de interés social en Mérida Yucatán, México, FASE, UNAM 1999.
[38] Shutz Hartman, Roberto, Op. Cit, Art. La ciudad habitable, reflejo de la diversidad.
[39] Muntañola Joseph, Comprender la arquitectura, Barcelona, Teide, 1985, Pp. 11 -48.
[40] Muntañola, Joseph, Op cit, p. 51.

entorno físico, genera la capacidad de articular en esta vivencia su habitabilidad, donde las actividades tienen un carácter social y establecen una red de conexiones inmateriales que concretan y dan orden a las expectativas de vida de un grupo. Así se otorgan significados hacia las múltiples manifestaciones de la realidad y un espacio se convierte en un "lugar de identidad".

La descripción de costumbres y hábitos que se manifiestan en el espacio y en el tiempo, exponen y ostentan las diferencias en los usos. La habitabilidad, entonces, está vinculada a la actividad humana a sus usos, y éstos a las conformaciones espaciales. El habitar se encuentra sobre las prácticas que prefiguran y habilitan los espacios, así se inscribe en el campo de la cultura o la sociedad, éste se encuentra también, montado en un uso ideológicamente organizado, es conformado por la actividad humana; en este uso del espacio se contextura la socialización, la vida, las costumbres, lo que se hace en cada ámbito cultural. Así, la habitabilidad, se genera por las justificaciones que la convalidan y por los significados que constituye y transmite en razón de un ordenamiento estructural. Esta puede ser distinguida, manifestada y caracterizada por asociaciones y conformaciones espaciales, que asociamos con un repertorio de actividades, ceremonias, rituales, comportamientos, pensamientos e ideologías. "También las cosas que construimos son conformaciones, porque cada cultura las emplaza y las distingue de diferentes maneras, accediendo con ellas a interpretaciones y actuaciones distintas, calificando y extendiendo las nociones de espacialidad y recinto, habilitando numerosos y cambiantes modos de habitar"[41]. La distribución espacial que elabora cada comunidad

---

[41] Doberti Roberto, 2do. congreso internacional el habitar para una investigación proyectual. Art. Hablar y habitar a través del método de la sensibilidad, México, FASE, UNAM 1999.

queda codificada a comportamientos ideológicos, culturales y sociales, en una interpretación y construcción de la identidad comunitaria.

Ante todo esto, la dificultad de poder dar una definición clara y operacional del concepto "habitabilidad" promueve que éste sea interpretado de múltiples maneras, como ya vimos. Para algunos se vincula con las condiciones materiales y espaciales de un lugar, o con el entorno donde se lleva a cabo la vida cotidiana. Para otros debería de incorporar aspectos objetivos y subjetivos de la forma en que la población percibe sus condiciones de vida, y en consecuencia considerar la noción de calidad de vida. Aunada a todas estas interpretaciones podremos considerarla como un elemento arquitectónico que involucra y valora las características idóneas de un espacio, en tanto que hablamos de características arquitectónicas, es decir, la materialidad con la que la arquitectura trabaja. "Una definición elemental de "habitabilidad" la consigna como la cualidad habitable que tiene un lugar"[42], se trata de la reunión de ciertas condiciones que permiten a un ser vivo habitar o morar un lugar, estas condiciones son de índole disciplinar que para reunirse requieren ser contenidas por un soporte espacio-temporal.

"El hombre busca dotar su hábitat de las cualidades o satisfacciones consecuentes con sus necesidades y aspiraciones, de modo que se configure el estado de la habitabilidad"[43]. En particular es relevante mencionar que el conjunto de cualidades físicas que posee un lugar destinado al abrigo de las actividades humanas, tendría que configurar el estado de la habitabilidad. Debe de reconocerse que en la especificidad de ésta, el sistema de elementos

---

[42] Ramírez Castro Eugenia, Op cit., Art. Habitabilidad, medio ambiente y ciudad, México, FASE, UNAM 1999, p. 33
[43] Ibid, p.34.

que la componen, adquieren diversas posiciones y sentidos que se constituyen por convención, por acuerdo social e ideológico; configurando el marco contextual en el que se organiza la realidad; la habitabilidad, entonces, ostenta requerimientos concretos propios de la espacialidad.

Hablar de la habitabilidad, "implica y requiere, hablar también de la espacialidad de lo habitable, es referirse a la constructibilidad de los objetos en que habitamos, es entender la condición de ambientabilidad que lo identifica, en el sentido de la apropiación y adecuación de un sitio para convertirlo y considerarlo como un lugar propio a través de la manifestación cultural; es relacionarlo con sus condiciones de ubicación en un sitio como la contextualidad en la que se produce, y con todo ello es asumir la naturaleza de su expresividad, como el sentido significativo que se provoca entre las formas o maneras del habitar y las cosas u objetos en que, y con que, lo hacemos"[44], en sí, la habitabilidad se entiende como la síntesis de contenidos arquitectónicos que dan identidad y existencia al objeto. Estos se manifiestan y conforman los rasgos que se ordenan en una particularidad determinada, de esta manera, se expresan todas las características del objeto como manifestación de su identidad. De lo cual podemos derivar que "la configuración del medio habitable es y ha sido, un hecho circunstancial del desarrollo social, dicha configuración es producto y resultado de las formas de expresión cultural de una sociedad en relación con el entorno en el que habita"[45].

Para Saldarriaga, la habitabilidad "es un conjunto de condiciones físicas y no físicas que permiten la permanencia humana en un lugar"[46], en las condiciones

---

[44] Hierro Gómez Miguel, Op Cit, Art. La idea del habitar y la idea del diseñar, Buenos Aires, 1999.
[45] Ibid, p.2
[46] Saldarriaga R, Habitabilidad, Bogotá, Escala Fondo, 1981, p.57.

físicas se encuentran aquellas referentes al ordenamiento espacial y a la configuración material del objeto; y como condiciones no físicas podemos agregar a todas aquellas referentes al proceso de producción del objeto, conceptos, intenciones, contenidos. Todos estos aspectos inciden en la configuración física del hábitat cultural, en una búsqueda actual del espacio habitable; para esto se requieren condiciones particulares de dimensionamiento de elementos, intercomunicación, aprovechamiento de fuentes de iluminación, ventilación, paisaje, articulación de los espacios y forma.

En la definición precisa de estas condiciones intervienen los factores de tipo cultural; ya que la conformación del hábitat representa físicamente las costumbres, ideologías, mitos, intereses y comportamientos de una estructura social determinada. El objetivo del espacio de ser habitable o poseer una habitabilidad utiliza el lenguaje propio de la transformación espacial, "este lenguaje posee una estructura correspondiente con el pensamiento o razonamiento espacial propio de una cultura o de un determinado grupo social"[47]. Esta conformación representa todas las decisiones que atañen a la organización física y condiciones aptas para que un espacio sea habitable, dicha finalidad trae consigo una serie de materias espaciales, las cuales en su conjunto suministran las condiciones o requerimientos de ordenamiento, adecuación, eficiencia y estabilidad necesarios e indispensables para la habitabilidad.

Estas condiciones parten de la estructura formal del espacio que se configura y traen consigo un periodo de ajuste y adaptación continua, lo que se plantea aquí, es la interacción de estas materias, su adecuación y ordenamiento con

---

[47] Saldarriaga, "Op Cit", p.69.

la finalidad interna de conformar la expresión de "la habitabilidad". Esta materialidad conforma la red básica de las relaciones espaciales dentro del objeto, de tal suerte que éstas sean identificables según la forma en que afectan a una estructura espacial específica, susceptibles de influjos culturales; así, la habitabilidad es considerada como la totalidad de la estructura espacial abarcando las relaciones internas de las partes en un todo; dentro de ésta se organizan todas las transformaciones particulares posibles; en ella se materializan no sólo los esquemas ideológicos, sino también los hábitos y las costumbres, por ello, es entendida como el conjunto de contenidos arquitectónicos que dan el atributo al objeto, al contenerla. La característica más importante de esta unidad es precisamente la de poseer una finalidad habitable, así, la lectura de la habitabilidad, se entiende como una lectura que reconoce las determinaciones del entorno cultural específico donde se inserta el objeto, como parte de las particularidades que lo configuran, reconociendo en esto las determinaciones ideológicas involucradas en la construcción del espacio.

Se trata también de una lectura que descubre los criterios de gestación del objeto; por lo que al aprender a leer el sentido expresivo del ámbito habitable y asumir las condiciones de su morfología se compromete a la totalidad de la materia con la que se trabaja, aquí se implica una tradición figurativa del objeto con respecto al entorno físico y cultural en el que se produce. La habitabilidad se produce en el momento en que se tiene relación con los objetos y por medio de esta relación es valorada, aquí, el espacio arquitectónico se vale de elementos útiles que lo hacen habitable; por ello, el objeto arquitectónico como expresión humana se habita y su constitución implica un conjunto de elementos determinados para propiciarla.

Bibliografía

Hegel, G.W. *Enciclopedia de las ciencias filosóficas*, México, Porrúa, 1971.

Gregotti Vittorio, Et al, *Teoría de la proyectación arquitectónica*, Barcelona, G. Gili, 1971.

Prudhomme Sully, *La experiencia de las bellas artes, La Psicología aplicada al estudio del Arte y del Artista*, Buenos Aires, Joaquín Gil, 1954.

Muntañola Josep, *Arquitectura: texto y contexto*, Barcelona, Universidad Politécnica de Cataluña, 1999.

Hesselgren Sven, *El hombre y su percepción del ambiente urbano*, Una teoría arquitectónica, Limusa, 1980.

Gregotti Vittorio, Et al, *Teoría de la proyectación arquitectónica*, Barcelona, G. Gili, 1971.

Cassirer Ernst, *Filosofía de las formas simbólicas*. México, Fondo de Cultura Económica, 1998.

Hegel G. W., *Lecciones de estética*, México, Ediciones Coyoacán S.A de C.V.,1997.

Rodríguez J. Ma., "Arquitectura como semiótica", Buenos Aires, Nueva Visión, 1977.

De Fusco Renato., *Arquitectura como mass medium*, notas para una semiología arquitectónica, Barcelona, Anagrama, 1967.

Abbagnano Nicola, *Diccionario de filosofía*, México-Buenos Aires, Fondo de Cultura Económica, 1961.

Broadbent, Bunt, Jencks, *El lenguaje de la arquitectura*, un análisis semiótico", México, Limusa; 1991.

Heidegger M., *Arte y poesía*, México, Fondo de Cultura Económica, 1997.

Vilches Lorenzo, *La lectura de la imagen*, México- Buenos Aires, Paidós 1986.

Pardo José Luis, *Las formas de la exterioridad*, España, Pretextos, 1992.

Moles Abraham, *Teoría de los objetos*, Barcelona, G. Gili, 1979.

Muntañola Joseph, *Comprender la arquitectura*, Barcelona, Teide, 1985.

González Pozo, *El dominio del entorno*, México, SEP, 1971.

Germani Fabris, *Fundamentos del proyecto gráfico*, Barcelona, Ediciones Don Bosco, 1973.

Canter David, *Psicología en el diseño ambiental*, México, Concepto, 1978.

2do. Congreso internacional el habitar, para una investigación proyectual, México, FASE, UNAM 1999.

Saldarriaga R. *Habitabilidad*, Bogotá, Escala Fondo, 1981.

Heidegger M., *Arte y poesía*, México, Fondo de Cultura Económica, 1997.

La Compositividad Geométrica

La composición significa reunir y disponer diversas cosas para formar un solo conjunto, de modo que cada elemento contribuye a constituir el todo. Es el arte de coordinar los diversos elementos lingüísticos que el arquitecto maneja para expresar un contenido, como lo señala Fabris: "la composición, que crea la unidad de un cuadrado, subraya además cada uno de los factores complejos e indisolubles que lo constituyen"[48]; en este caso, la composición es capaz de abrazar a la obra de arte en su totalidad, donde la organización de elementos tienden acumulativamente hacia un todo terminal. En efecto, una composición revela la existencia de formas diversas, por lo que se utiliza en el sentido de estructuración y configuración de los elementos capaces de producir la obra arquitectónica; asimismo es sinónimo de buena construcción, de unidad creada y conformación formal.

Se puede definir a la "compositividad"* como la coordinación de los elementos según una idea directriz con el fin de obtener un efecto estético preestablecido por el arquitecto. Esta coordinación es una operación, donde la idea surgida es el verdadero origen de la forma; luego su realización expresiva se da con la construcción lingüística; por ello lo compositivo debe conquistar un sentido más amplio. Aquí es donde el arquitecto se asigna la tarea de disponer en el espacio varios signos o códigos según una intención de diseño, con el fin de obtener un resultado estético que provoque el efecto deseado. En este caso, al decir códigos se hace referencia a los distintos

---

[48] Germani, Fabris. Fundamentos del proyecto gráfico. Barcelona, Ediciones Don Bosco, 1973, p.5.
* NOTA. Respecto al término de la compositividad, se considera como un contenido que interviene en la formación de la expresión arquitectónica; con ello, se enfatiza como parte de la materia con la que se trabaja al diseñar.

elementos del repertorio o vocabulario arquitectónico que como medios prácticos llevan a la operación compositiva a un lenguaje particular.

En este sentido, la disposición de los códigos lingüísticos se realiza mediante normas precisas y determinadas; asimismo se aprovechan elementos como la unidad, el equilibrio, el ritmo, la simetría y la geometría entre otros. Por esto, la armonía que una organización compositiva revela, da a conocer la diversidad de tensiones, considera la proximidad y combinación de códigos y llega a producir un efecto de totalidad que manifiesta una riqueza expresiva.

En sí la materia compositiva puede manejarse de forma clásica, libre, continua y constante; se define como un paisaje dinámico de códigos, los cuales se organizan en un conjunto de leyes que precisan un camino. Asimismo, estas leyes compositivas son internas y propias del arquitecto en donde interviene un "*kit*" de elementos que se combinan, éstos se funden y amalgaman para dar vida a las diversas maneras y representaciones de los objetos reales.

En este sentido, existe un fundamento que representa una posibilidad de materialización y representación de la arquitectura, es el principio geométrico que se refiere a la configuración figurativa del objeto. Este principio determina la relación entre volúmenes y su articulación determina el tipo de sólidos o superficies que intervienen en la misma composición, así se sugieren una serie de ejes, retículas o patrones.

En el uso de la geometría se presentan figuras que sirven como puntos de partida para nuevas realizaciones formales y facilitan la comprensión y construcción del objeto arquitectónico. En este caso, cualquier objeto de diseño ya sea arquitectónico, industrial o gráfico, siempre lleva una epidermis que lo cubre y una estructura interna que lo soporta. De esta manera la compositividad geométrica de la forma se centra en la conexión espacial de toda la materia figurativa, de líneas, puntos, superficies, planos y volúmenes. Se trata de la conexión interna de los elementos y del resultado externo de la forma arquitectónica; podría contemplarse como una disciplina ordenadora y clasificadora que como lo explica Raeder[49], permite:

- Fomentar la capacidad de abstracción para entender el lenguaje bi y tridimensional.

- Manejar objetos y volúmenes en el espacio, sintetizándolos en una imagen planimétrica y representaciones ortogonales.

- Obtener la información necesaria de la obra para su posterior materialización y producción, en base a una metodología dada.

Así la geometría más que ser herramienta se convierte en materia prima del proyecto. Se contempla como un principio que regula el orden de los elementos y mediante el cual, podemos distinguir los trazos que guían a la forma y a las proyecciones en plantas, en cortes y en alzados. En este sentido, el objeto arquitectónico se construye y se deconstruye en secciones, en porciones o en piezas que son inherentes a su estructura; por ello, se asocian sus formas y se constituyen sus geometrías.

Esta materialidad diversa y diferente en los ingredientes del objeto arquitectónico obedece a leyes compositivas, a leyes constructivas y a geometrías e impulsos figurativos que denominamos materia, elementos proyectuales o mejor aún contenidos arquitectónicos. En sí una obra es la

---

[49] Raeder, Pablo. La geometría de la forma. UAM, Xochimilco, 1992, p.7.

suma de equilibrios donde cada parte, cada forma y cada geometría, posee su plenitud y debe manifestarse así integrándose con otras. De esta manera la compositividad geométrica es en sí lo que circunscribe a la obra en un espacio físico determinado, es lo que sostiene y funda al objeto, es una síntesis de intersecciones, de fugas, de interposiciones, de volúmenes en tensión espacial, en contacto de aristas o caras o bien de volúmenes maclados como los distingue D. K. Ching[50].

La compositividad se convierte en una propiedad del objeto arquitectónico, es un principio generador que existe en el mismo instante en que se establece el proyecto, su signo y su composición. En este sentido se dice que el mayor interés para un arquitecto radica en la manera de manipular el espacio, de saber cómo lo limita y con qué recursos; previendo en su mente la figura que bajo la luz se exalta, el cilindro, el cono, el cubo, el rectángulo o el triángulo que se encuentran en virtud del material sólido o transparente; como lo señala Nagore, "piénsese que el salto al espacio aumentará las dificultades de comprensión en gran medida, ya que todo, enteramente todo, hay que imaginarlo, es decir, verlo en la mente"[51], para después verlo en el espacio.

Este traslado que va del espacio imaginario al real se plasma en un ejemplo tácito que se muestra también como un caso que refleja claramente el vínculo que se genera entre la compositividad arquitectónica y la geometría de la forma. Así esbozando un breve análisis, se recurre a la casa Amsterdam del

---

[50] D. K. Ching, Francis. Arquitectura. Forma, espacio y orden. México D.F., Gustavo Gili, 1985, Pp. 58-72.

[51] Nagore, Fernando. Geometría métrica y descriptiva para arquitectos. Tomo II "Geometría métrica del espacio". 2da. Edición, Pamplona, España, Ediciones EUNSA, 2000, p.10.

arquitecto Teodoro González de León, ubicada en la Ciudad de México; obra que se define en un as de interconexiones geométrico-volumétricas.

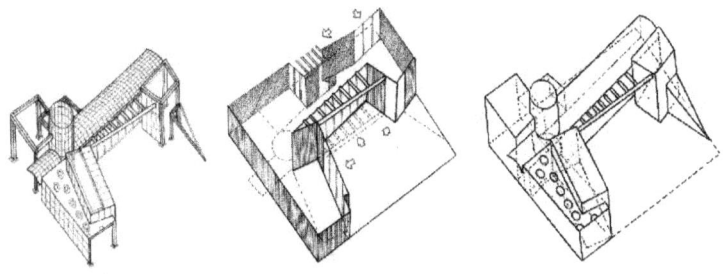

Casa Amsterdam. Croquis, Patricia Barroso Arias

En esta obra la idea de espacio que guía la composición se basa principalmente en factores históricos. González de León retoma y asocia sus formas a un pasado para expresar cierta masividad y dice: "una obra auténtica siempre hace una «traducción» del lenguaje de cada momento histórico y esa «traducción» lleva la huella del lugar en que se hace"[52]. Este arquitecto mexicano retoma el interés por los elementos del pasado utilizando en la casa Amsterdam ciertos elementos como un collage, como un homenaje a las formas que admira del pasado. Aquí el uso del patio como espacio central da sentido e identidad a la casa incorporando a éste el talud. En este sentido, menciona que: "el talud, es tal vez, el signo formal más representativo de toda la arquitectura prehispánica de mesoamérica"[53], por ello esta idea de masividad arquitectónica se ve permeada con el manejo de

---

[52] Ruy Sánchez, Alberto. Retrato de arquitecto con ciudad. Teodoro González de León. México, Colección libros de la espiral, 1996, p.8. Este texto data la vida y obra de Teodoro González de León, donde él mismo relata las ideas y el pensamiento que en diferentes épocas, han regido su obra arquitectónica; por lo que, es considerado como punto de partida para analizar los factores que regulan su hacer arquitectónico.

[53] Ruy Sánchez, Alberto. Op. Cit., p. 22.

cuerpos sólidos, opacos y cerrados, con la intención de proporcionar al usuario un cobijo seguro.

Por otro lado, esta idea de cobijo se logra con el manejo de una estructura conformada por elementos prefabricados de hormigón, simulando una apariencia de bloques de piedra; una intención de diseño que se ve también influenciada por las ideas de Le Corbusier, de quien retoma la organización espacial de forma jerárquica, donde los cuerpos están estructurados de manera clásica: basamento, cuerpo y remate. De esta manera se logra una composición geométrica, donde la semejanza, la regularidad y las áreas integran un animado juego de espacios limitados.

La casa en sí está resuelta en desniveles que son casi imperceptibles al recorrerlos. La sucesión de espacios delimitados por muros que no los cierran del todo permite vistas constantes a las demás estancias y recintos, siempre con la presencia del patio central que articula toda la composición. Por lo que, cilindros, cubos, rectángulos, triángulos y círculos, parecen estar armados con el tipo del arquitecto González de León; la composición geométrica organiza las partes dentro del todo, las conforma a partir de la estructura y de los materiales con volúmenes y espacios diversos. Es a partir de esta composición y unión de cuerpos como se sugiere la organización espacial y se transforma la forma generando una configuración de elementos regulares que se relacionan entre sí, según un vínculo ordenado respecto al eje de composición y se van agregando o interponiendo hasta componer la forma total de la casa. Estos cuerpos contienen el área pública y privada estableciendo entre ellos una relación de contigüidad; asimismo se van interconectando sin modificar la identidad de cada volumen.

En este caso, la distribución permite una configuración en "U" creando una disposición introvertida. La riqueza del espacio se vierte hacia el interior, se demarca la importancia del patio central agrupando a los volúmenes a su alrededor y se determina una forma lineal en la secuencia espacial y en el sistema de circulación. En sí los componentes del espacio están determinados por una crujía abierta en un lado hacia el patio central formando una "U" para conjugar a los volúmenes mixtos. La disposición de los elementos responde a una composición geométrica guiada por ejes, donde se incorporan figuras que simulan la prolongación de la calle al patio central con el uso de texturas y colores similares; es así como González de León brinda al usuario un espacio que significa algo más que un cobijo.

Por otro lado, este sentido de compositividad geométrica se muestra también en los espacios de circulación debido a que constituyen una parte integral de la organización espacial de la casa; estos se consideran como dispositivo de unión, donde la forma y la escala se adecuan para el desplazamiento del usuario. En este caso, el espacio de circulación se abre por un lado para suministrar una continuidad visual y espacial con los espacios que une, por lo que su forma se integra a la de los demás espacios que comunica, utilizando cambios de nivel, cambios de alturas y juegos de iluminación y geometrías. En este sentido, en un cambio de cuerpos geométricos se identifica cada volumen como continente de una espacialidad interior.*

---

* NOTA: Para efecto del análisis aquí expuesto, se tomó como base teórica los siguientes textos, Larios, José María. Sobre la evolución compositiva en la obra de Teodoro González de León. Revista Internacional de Arquitectura, ARQUINE, México, Colegio de arquitectos, México, Invierno 1997; y Noelle, Louise. La voluntad del creador. Teodoro González de León. Bogotá, Colección Somo Sur, Tomo XIV, 1994.

En síntesis el cuerpo cilíndrico se diferencia de la crujía rectangular y éste a su vez se diferencia de los elementos triangulares y circulares en una expresión lingüística que se resuelve mediante los trazos reguladores, las geometrías estructurales y formales, los paneles que cubren los cuerpos de la casa, las texturas que dan la apariencia de ser bloques de piedra y los materiales opacos y macizos que tienen como cualidad conservar su color natural para expresar cierta austeridad.

Bibliografía

Germani Fabris, *Fundamentos del proyecto gráfico*, Barcelona, Ediciones Don Bosco, 1973.

H. Raeder Pablo, *La geometría de la forma*, UAM, Xochimilco, 1992.

D. K. Ching Francis, *Arquitectura = forma, espacio y orden*, México, G. Gili, 1985.

Nagore F, *Geometría métrica y descriptiva para arquitectos*, Tomo II "Geometría métrica del espacio", 2da. Edición, Pamplona, España, Ediciones EUNSA, 2000.

Ruy Sánchez, Alberto. *Retrato de arquitecto con ciudad*. Teodoro González de León, México. Colección libros de la espiral, 1996.

Larios José María, *Sobre la evolución compositiva en la obra de Teodoro González de León*, en Revista Internacional de Arquitectura, ARQUINE, México, Colegio de arquitectos, México, Invierno 1997.

Noelle Louise, *La voluntad del creador*, Teodoro González de León, Bogotá, Colombia, Colecc. Somo Sur, Tomo XIV, 1994.

De la tipología

El tipo y la tipología

La definición del "tipo" y la "tipología"

El "tipo" se considera como un ejemplar que posee los caracteres esenciales que distinguen un grupo o los rasgos propios de una especie, es un símbolo representativo. Determina la naturaleza de las cosas y actúa como un instrumento para clasificar y organizar; asimismo se entiende como materia moldeable. Es sólo una fuente preexistente que es capaz de cambiar, modificar y evolucionar. A partir de ello es posible pensar que el tipo resulta de un proceso expresivo que está en continua evolución y retroalimentación afirmando así la ruptura del esquema del tipo fijo y preciso. El tipo es modificable y propenso al cambio y desde este punto de vista se comporta como portador de experiencias expresivas.

La idea de tipo según Tudela[1] se define como un sistema de reglas que permite producir un número indeterminado de elementos que se conocen como pertenecientes a una misma clase, por lo que se determinan en un sistema de rasgos o características específicas. Según Argan[2] el tipo siempre se ha determinado por una comparación de una serie de edificios, los cuales se caracterizan por tener una serie de rasgos o elementos en común. El tipo en sí está íntimamente emparentado con la idea de clase debido a que en todo es necesario un antecedente, ningún género viene de la nada. Con esto surge la pregunta ¿cómo nace entonces el tipo? El tipo nace evidentemente no como una intención arbitraria, sino como la deducción de un proceso de

---

[1] Tudela, Fernando. Arquitectura y procesos de significación. México D.F., Edicol, 1980.
[2] Argan, Giulio Carlo. El concepto del espacio arquitectónico desde el barroco hasta nuestros días. Buenos Aires, Nueva Visión, 1984.

selección, mediante el cual se separan los rasgos, se analizan, se seleccionan y se conjugan para determinar un esquema de distribución de elementos relacionados con una idea y función específica. En este caso, el diseño arquitectónico requiere del ordenamiento de sus elementos sustanciales para formar la unidad total; así esta operación parece centrarse en la revelación de un tipo que conduce a su modificación y crítica. En todo caso el tipo tiende a organizar los elementos de las cosas según esquemas que permiten operar sobre un número de casos. En lo que se refiere a la arquitectura existe una noción de tipo cuyo vínculo con la forma es muy estrecho, pues se toma como casi forma del fenómeno arquitectónico y sus características son más cercanas a la configuración del organismo[3]. Asimismo existe otra noción de tipo más próxima a la idea de clasificación de relaciones intuidas.

De cualquier manera, una obra puede ser sometida a diversos esquemas tipológicos según la óptica bajo la cual se analicen sus relaciones internas. Con esto se entiende que el diseño recurre al tipo para verlo no sólo como modelo y clasificación, sino también como materia moldeable; por lo tanto, todas las relaciones que presiden internamente a la construcción de la forma del objeto en cuanto a organización originan un tipo.

Por otro lado, cabe hacer la distinción entre "tipo" y "modelo". El vocablo de "tipo" deriva del latín *typus*, éste término es aplicado como ejemplar, matriz, impresión, molde y resalte. En este sentido, Quatremère de Quincy[4] define el tipo como sigue: "La palabra tipo también se usa como sinónimo de modelo.

---

[3] Gregotti, Vittorio. El territorio de la arquitectura. Barcelona, Gustavo Gili, 1972, pp. 167-181. Donde en uno de sus capítulos esboza la complejidad estructural y funcional de los tipos y, al mismo tiempo, plantea diversas acepciones del uso del término. En este caso, el autor se apega a una concepción de tipo como modelo y clasificación, asimismo, también será considerado, como él bien señala, en cuanto a la organización lingüística del objeto.
[4] Arqueólogo y teórico francés de la arquitectura (1755-1849)

El sentido de la palabra tipo no es tanto una cosa a copiar o imitar, sino, que se ve como un elemento que sirve como regla para el modelo (...) el modelo entendido en el contexto de la ejecución práctica del arte, es un objeto que debe ser repetido como tal; el tipo, por el contrario, es un objeto a partir del cual, el artista puede concebir obras de arte que pueden no guardar ningún parecido"[5]. Asimismo, como lo señala Argan, "no se debe confundir el tipo con el modelo. Un modelo se copia, se imita exactamente; un tipo es una idea general de la forma del edificio, y permite cualquier posibilidad de variación"[6]. En este sentido, se puede verificar que el tipo no se reduce a un esquema racional invariante sino que se individualiza; el proyecto recurre a él para operar como clasificación y materia moldeable, maleable. Se toma como ejemplo para la producción de otros, tomando en cuenta sus características esenciales, así el tipo se toma bajo un criterio de valoración que preexiste a la acción proyectual donde la forma varía y asume los acentos y el carácter particular que le otorga el arquitecto.

Con esto se señala que la diferencia que existe entre tipo y modelo radica en que el modelo es entendido como un prototipo o arquetipo cuyos rasgos son inmutables, es decir que no cambian para imitarse y copiarse tal cual; en cambio el tipo se toma como la reunión de rasgos característicos y comunes a un conjunto de edificios acentuando que es una manifestación individual y mutable.

---

[5] Leupen Bernard, et. al. Proyecto y Análisis. Evolución de los Principios en Arquitectura. Barcelona, Gustavo Gili, 1999, p.133. Quien cita a Quatremère de Quincy para establecer su definición de tipo.
[6] Argan, Giulio Carlo. El concepto del espacio arquitectónico desde el barroco hasta nuestros días. Buenos Aires, Nueva Visión, 1984, p.29. Citando, también, a Quatremère de Quincy.

Así una vez aclarada la diferencia entre tipo y modelo es posible dar pauta a la definición de "tipología" que nace como el estudio de los tipos que se realiza en cualquier disciplina. La tipología se usa para comparar, clasificar y establecer relaciones entre los tipos; por ello se dice que la operación de la tipología es esencialmente la clasificación mediante un acto de abstracción que tiende a poner en orden entidades diversas agrupándolas en clases, previa identificación de los rasgos comunes. En este sentido, la tipología podría suponerse como un sistema clasificatorio de formas similares.

Por lo tanto, la tipología como señala Gregotti es: "la disciplina que se ocupa de la discusión, clasificación y fundamentación de los tipos"[7]. Se constituye como un instrumento y materia importante para la arquitectura, por lo que se delimita como la complejidad funcional de la materia arquitectónica. La tipología nos habla en sí de un uso, de un género, de un concepto, de un lenguaje y de una imagen en la solución formal del edificio; por ello, al utilizarla se analiza la ruta histórica del tipo y sus diversas maneras de expresión.

Así las tipologías se entienden como puntos de referencia reconocibles por el destinatario de la obra y como lo explica Waisman[8], las propuestas relativas a ésta, caminan en dos sentidos fundamentales para entender su papel en la teoría y en la praxis arquitectónica: uno como instrumento o principio derivados de una consideración del tipo y otro como una abstracción del devenir histórico. La tipología como instrumento se utiliza entonces para el análisis y la proyectación no sólo arquitectónica sino urbanística.

---

[7] Gregotti, Vittorio. El territorio de la arquitectura. Barcelona, Gustavo Gili, 1972, p.170.
[8] Waisman, Marina. La estructura histórica del entorno. Buenos Aires, Nueva Visión, 1985, Pp. 67-74.

Por otro lado, este término entraña dos sentidos: el individual y el universal; es un concepto que caracteriza y ordena lo particular dentro de lo general. Sin embargo, se puede decir que si sólo se mira el aspecto individual de la conformación de los tipos se vuelve una abstracción carente de sentido porque rompe y fragmenta un pasado histórico y porque niega su preexistencia. Por otro lado, si la conformación de los tipos se inclina sólo al sentido general se ve reemplazada por el prototipo y se niega cualquier condición de innovación e interpretación particular. En este caso, los tipos tendrían que ser formulados dentro de la relación particular y general para que el mismo concepto evolucione y no se fragmente o caiga en una rigidez absoluta.

Como lo señala Rossi "pienso en el concepto de tipo como algo permanente y complejo, un enunciado lógico que se antepone a la forma y la constituye"[9]; por lo que, la tipología engloba a los tipos que presentan caracteres importantes e interesantes que se vacían a la práctica proyectiva; en este sentido, para Rossi los tipos son la idea misma de la arquitectura y por ello están más cerca de su esencia.

En conclusión, se puede señalar que la tipología se considera como un instrumento crítico que aparece en todas las operaciones del proceso de proyectación; asimismo consiste en la selección y reinterpretación de los tipos que de ella se derivan. En este sentido, la crítica del tipo conduce necesariamente a la modificación y más aún a la sustitución por un contra-tipo. En este caso, el tipo es un receptor sensible a una nueva concepción del

---

[9] Waisman, Marina. La estructura histórica del entorno. Buenos Aires, Nueva Visión, 1985, p.75. En este texto, Waisman cita a Rossi para mostrar al tipo como una constante no sólo en el proceso formal de la obra arquitectónica, sino también como una constante histórica.

espacio y la tipología como instrumento de pensamiento y de proyectación vincula a los tipos como instrumentos históricos aplicados a un análisis crítico, con el fin de estar siempre en mutación.

Con esto, se da pie a buscar respuesta a unas interrogantes que surgen del mismo entendimiento de la tipología: ¿cuál es su función e incidencia en el hacer proyectual y con qué fin se utiliza?

La tipología en la arquitectura como generatriz de la forma

Como se dijo anteriormente, la tipología se entiende como una estructura e instrumento para generar una forma capaz de múltiples desarrollos y no como un mecanismo reproductor. De esta manera, determina la organización estructural, funcional y morfológica de cada elemento arquitectónico. En este caso, el tipo se entiende como un esquema que se transforma y se compara, con ello se señala que la construcción de un nuevo tipo parte del examen de la realidad de otros tipos; de la cual participa la misma esquematización. En este sentido, cuando se cuestiona el cómo se llega a construir una tipología arquitectónica, obligadamente se pasa de un tipo a otro, así como afirma Gregotti[10], este paso toma dos direcciones, por un lado, como una construcción selectiva de tipos para determinar el ideal y por otro lado, como una clasificación de éstos para llevarlos a esquemas manejables. Todo esto hace pensar en una tercera dirección que pasa de un tipo a otro, en función de una estructura orientada en un campo de posibilidades, esta condición mantiene al tipo como un instrumento operativo para la selección significativa de rasgos.

---

[10] Gregotti, Vittorio. El territorio de la arquitectura. Barcelona, Gustavo Gili, 1972, p.170.

Por ello, el sentido de la tipología de ninguna manera puede reducirse sólo al problema distributivo, funcional, estructural o lingüístico del objeto arquitectónico, sino que es una referencia más amplia y radical a la propia conformación del objeto, porque incide en la reelaboración de todos los elementos que lo componen. En este sentido, se destaca que en el hacer proyectual hay una continua reelaboración tipológica e invención del tipo; ello va ligado a la capacidad de diseño, así la transformación continua y movimiento de los tipos se vuelve paramétrica de la tipología al nivel de la proyectación.

Como señala Gregotti "los organismos arquitectónicos se constituyen en expansiones en continuo flujo, coágulos de una densa red de funciones superpuestas, capaz de disponerse siempre en nuevas configuraciones"[11], esto implica a la forma y a la estructura del proyecto, así como a la naturaleza de su territorio. Por ello, se tiende a crear una nueva unidad formal entre el tipo y el diseño con la condición de que se renuncie a la tradicional concepción de tipo como modelo o prototipo. Por lo tanto, se puede decir que la tipología actúa e incide de múltiples maneras en el hacer proyectual, por eso no se le puede reducir solamente a un sólo aspecto, ya sea funcional, estructural o lingüístico, como se dijo anteriormente. Aquí como explica Pasillas, para cambiar de un tipo a otro se parte del aspecto morfológico y estructural de los rasgos de cada tipo para reorientarse mediante una nueva relación de uso y sugerir así, un nuevo tipo.[12]

---

[11] Ibid., p.181.
[12] Pasillas Valdez, C. Ignacio. Arquitectura: cultura, lenguaje y quehacer. México, Tesis grado de maestría, UNAM, 2000, p.80.

Con esto es posible decir que en principio, toda estructura formal puede ser analizada en términos de sus elementos y relaciones; estos elementos tienen propiedades características que van marcando y distinguiendo a una tipología. "De todo ello, se deduce que un tipo determinado de estructura formal, sólo admite elementos con ciertas propiedades"[13]; en este sentido, no sólo basta haber recurrido a un tipo, si no se le ha asignado un papel específico dentro del diseño; por lo que los elementos tipificados enfatizarían la estructura y dirección del diseño hacia un eje conceptual. Asimismo la búsqueda tipológica puede llegar hasta los más mínimos detalles del edificio. Con ello, se llega a plantear algunos cuestionamientos clave: ¿cómo actúa la tipología en el diseño? ¿Cómo se genera una tipología arquitectónica y para qué? En este caso, se explica a la tipología como base proyectual y su manera de operar en el proyecto se realiza mediante la esquematicidad, con la intención de revelar y revalorar a la forma.

Así se señala que la tipología es la noción base para la elaboración formal; "la tipología serán las nociones comunes o patrimonio de imágenes"[14] que la definición formal considerará para establecer un juicio de valor. En este caso, el tipo se presenta como instrumento de proyectación que penetra en la existencia del proyecto para convertirse en un instrumento hipotético de trabajo. Con ello, se mira en la tipología una manera de enfocar la tarea del diseño en una sucesión reinterpretativa de los objetos, por lo que el tipo es en realidad un elemento que sugiere diversas combinaciones y se reproduce con rasgos variantes. En este sentido, esta noción de tipo se presenta con un

---

[13] Norberg Schulz, Christian. Intenciones en la arquitectura. Barcelona, Gustavo Gili, 1998, p.96.
[14] Pasillas Valdez, C. Ignacio. Arquitectura: cultura, lenguaje y quehacer. México, Tesis grado de maestría, UNAM, 2000, p.81.

deseo de transformar el propio hacer en nuevas propuestas y como lo explica Gregotti, el uso del tipo permite extraer un conjunto de rasgos característicos que sirven para clasificar[15].

Aquí se aclara que el tipo guarda rasgos específicos comunes a una serie sin que sea prototipo tendiente a la estandarización. En este sentido, en el rompimiento del modelo reside la posibilidad arquitectónica. Por eso se toma a la tipología como esquema de referencia para una propuesta nueva y no como fuente de imitación. El aspecto tipológico del diseño puede ser la característica base y esencial del hacer, por eso "para la persona que diseña, las tipologías son importantes puesto que contribuyen a «conservar» la memoria de lo que es una cultura y permiten empezar a diseñar desde una tradición y no desde cero"[16].

De esta manera, los diseñadores transforman las tipologías para adaptarlas a las nuevas demandas, por lo que el uso de un estudio tipológico a su vez, pone al descubierto las características y tipos de relación de cada elemento en el edificio. Con esto es posible proponer que si estudiamos la tipología no sólo en un sentido genérico, sino en el análisis del tipo en relación a las condicionantes del proyecto, entonces es posible detectar los nidos de actividad del mismo.

Para concluir este apartado, se acentúa que en sí "el concepto de tipología intenta aglutinar tanto el momento analítico y teórico, como el momento proyectual y creativo"[17]. Asimismo sirve para analizar y aportar las pautas del

---

[15] Gregotti, Vittorio. El territorio de la arquitectura. Barcelona, Gustavo Gili, 1972, p.167-168.
[16] Muntañola, Josep. Comprender la arquitectura. Barcelona, Teide, 1985, p.65.
[17] Montaner, Josep María. La modernidad superada. Arquitectura, arte y pensamiento del S. XX. Barcelona, G. Gili, 1997, p.129.

proyecto, por lo que no se reduce a una base repetitiva, fija y universal de la forma. Se hace referencia al tipo que implica la idea de transformación para la aparición de nuevos tipos, es una estructura donde opera el cambio y tiene carácter abierto y dinámico, en sí este concepto requiere una exigencia crítica, cultural e intelectual, además de formal y lingüística. De igual manera, la tipología no es un instrumento de una explicación mecanicista de los proyectos, ni de un formalismo apropiado o implantado, sino que es un instrumento para el proyecto, base y herramienta que actúa en el análisis, la crítica, la selección y la comparación de todos los elementos que intervienen en un diseño. Por ello, para que sirva y se aplique como instrumento para proyectar es necesario elaborar un modelo de análisis moldeable que marque los rasgos característicos, fijos y variables del mismo proyecto; de esta manera, se estará construyendo una tipología arquitectónica y por eso, se entiende como generatriz de la forma.

Bibliografía

Argan, Giulio Carlo. *El concepto del espacio arquitectónico desde el barroco hasta nuestros días.* Buenos Aires, Nueva Visión, 1984.

Gregotti, Vittorio. *El territorio de la arquitectura.* Barcelona, Gustavo Gili, 1972.

Leupen Bernard, et. al. *Proyecto y Análisis. Evolución de los Principios en Arquitectura.* Barcelona, Gustavo Gili, 1999.

Montaner, Josep María. *La modernidad superada. Arquitectura, arte y pensamiento del S. XX.* Barcelona, G. Gili, 1997.

Muntañola, Josep. *Comprender la arquitectura.* Barcelona, Teide, 1985.

Norberg Schulz, Christian. *Intenciones en la arquitectura.* Barcelona, Gustavo Gili, 1998.

Pasillas Valdez, C. Ignacio. *Arquitectura: cultura, lenguaje y quehacer.* México, Tesis grado de maestría, UNAM, 2000.

Tudela, Fernando. *Arquitectura y procesos de significación.* México D.F., Edicol, 1980.

Waisman, Marina. *La estructura histórica del entorno.* Buenos Aires, Nueva Visión, 1985.

Las implicaciones de la tipología en la actividad proyectual
En la formulación del concepto arquitectónico

Como se pudo constatar anteriormente, una tipología responde a una interpretación particular que es ideológica y conceptual, es decir que responde a un pensamiento. Aquí el concepto que le es propio al objeto incide en la elección tipológica de los elementos, por lo que el tipo arquitectónico es el esquema que precede a la formulación de ideas y conceptos de diseño; de manera que va cargado de conclusiones y decisiones de diseño caracterizados en una manera específica de concebir el mundo. En esto se señala que el concepto abarca su clase; concebir una cosa es considerarla como miembro de una clase, conocerla a través de un sistema de identidades y diferencias, por ello el tipo se liga al concepto. En este sentido el tipo responde a la idea general que se tiene del edificio.

Es importante considerar a un concepto, en el sentido más amplio del término, como una función de la memoria; esto se refiere a que al tener el concepto del objeto se tiene una memoria de cómo es. Los conceptos son capacidades de reconocimiento y definición que conservan nuestro pensamiento en contacto con la realidad[18]. Asimismo el concepto se retoma como producto de una construcción y relación de ideas; hay conceptos que argumentan el sentido y la definición de algo. De esta manera en el diseño arquitectónico un concepto se refiere a una idea o intención clara, concreta y específica sobre lo que se quiere del objeto. Por ello la tipología arquitectónica está también relacionada con la concepción arquitectónica; naturalmente dentro de este esquema de tipo se fijan los rasgos característicos del objeto bajo

---

[18] Price H. Pensamiento y experiencia. México, Fondo de Cultura Económica, 1975, p.364.

ciertos conceptos y con ciertas variaciones en los elementos hasta tomar una decisión en el proyecto.

Se tiene entonces una distribución de elementos arquitectónicos que determina una organización espacial, donde se contemplan los tipos en función de un propósito, de una intención o de una conclusión de diseño. El concepto entonces, funciona como el principio de la composición tipológica y arquitectónica, con esto se señala que la concepción de tipo se funda sobre una determinada concepción del espacio; así el proyecto es una consecuencia de esta concepción. En este sentido, la conceptualización en el diseño se entiende como la identificación de las ideas en imágenes; "armar una idea rectora, estructuradora de la forma, es el objetivo de esta etapa"[19] y una vez identificado el concepto arquitectónico se generan hipótesis lingüísticas con alternativas de tipos.

En la conformación de la imagen arquitectónica

Se dice que la tipología permite o ayuda en la identificación o construcción de imágenes en el proceso del diseño, en este sentido cuando se piensa en un tipo se tiene en mente una imagen, por ello el tipo nace de una deducción de experiencias, como señala Argan "nadie puede sentarse a la mesa de trabajo y decir: voy a inventar un tipo arquitectónico"[20]. El tipo en la historia se ha determinado siempre por la comprobación con otros tipos; en un ejemplo Argan muestra cómo proceder ante esto, si la demanda es diseñar un templo circular, teóricamente se debería realizar este proceso; tomar todos los

---

[19] Pasillas Valdez, C. Ignacio. Arquitectura: cultura, lenguaje y quehacer. México, Tesis grado de maestría, UNAM, 2000, p.74.
[20] Argan, Giulio Carlo. El concepto del espacio arquitectónico desde el barroco hasta nuestros días. Buenos Aires, Nueva Visión, 1984, p.33.

templos circulares construidos hasta el presente y luego aislar todo lo que se repite en estos ejemplos; de esta manera, se ve como todos tienen el elemento básico, la definición de la línea curva. He aquí un elemento que se aísla y que sirve para definir el tipo; pero además pueden existir algunos templos con ventanas en la cámara circular interior y otros no; entonces se elimina este elemento o se toma como variable y así sucesivamente. Todo esto muestra el resultado de un tipo, producto de un proceso de selección mediante el cual se separan todas las características que se repiten (como rasgos comunes) de la serie de objetos arquitectónicos y que lógicamente se pueden considerar como constantes. De esta manera, se va observando y dibujando la imagen de cada elemento en un esquema que no tiene ningún valor en el proyecto final, pero sí tiene valor al elaborar las hipótesis de diseño.

En este sentido, esta serie de imágenes sirve como instrumento de distribución de los elementos y va relacionada a una idea del espacio con una función específica; así una vez que se ha llegado a esta selección de imágenes y tipos se deduce el propio; prácticamente se agota de esta manera una experiencia histórica del objeto para servir de material proyectual. Aquí ya pueden intervenir en la elaboración de la imagen formal final y definitiva una serie de tipos, con el fin de no repetir lo mismo, sino de jugar con sus diferentes relaciones, composiciones y vínculos o conexiones; de manera que esta incidencia tipológica puede llamarse "invención" basada en la coherencia del tipo. Por ello, se deja ver que el tipo actúa como repertorio de la imagen y como fuente de un bagaje de vocabulario.

Por otro lado, se produce una esquematización donde se plasma la apariencia visual de los objetos, donde la imagen se somete al concepto[21]. Es posible insinuar que el resultado de la unión de la imagen con el concepto lleva a la caracterización o representación de un tipo arquitectónico.

Por lo que, la forma se constituye mediante una imagen tipológica que da sentido a cada elemento y la ubica en un marco significativo. En este sentido, el diseñador idea y construye modos y medios en forma de imágenes y en cierta manera, encadena los tipos, los representa. Sin embargo, para completar la imagen debe seguirse una dirección definida que otorga el concepto. Entonces el diseñador recurre a tipos e imágenes de su pasado y de su presente para elaborar la imagen final de lo que será el proyecto, por ello la imagen arquitectónica será un documento clasificado, tipificado. Esto quiere decir que la manera en cómo el diseñador se aproxima a la elaboración de la imagen viene siempre acompañada de la selección de tipos configurados en códigos lingüísticos que se releen e interpretan, por lo que siempre que se diseña algo, se boceta, se pinta o dibuja, se gesticula la sustancia visual de la obra, mezclándose con ideas, conceptos y lenguajes que se van filtrando ante una acción tipificadora. Así la imagen se interpreta mediante la representación, ésta es su realidad gráfica.

Por otro lado, la tipología responde a un proceso de caracterización que va vinculado con la construcción de la imagen; en este caso, la imagen cumple con una función informativa, ya que está constituida por elementos lingüísticos basados o surgidos de un tipo. Aquí el rol que tiene el tipo en la construcción de la imagen arquitectónica se concreta en los aspectos

---

[21] Read, Herbert. Imagen e idea. México, Breviarios del fondo de Cultura Económica, 1957, p.209.

cualitativos de la forma, esto es en todos los elementos característicos que conforman al objeto. En este caso, la tipología permite identificar premisas para determinar a los tipos existentes y definir las particularidades del objeto.

Pero determinar esta tipología o trabajar con ella, implica transitar por un camino metodológico que permite establecer cuantitativa y cualitativamente las características del proyecto, donde la imagen se entiende como una memoria del proyecto que retoma experiencias pasadas para traerlas al presente y a partir de ello, elaborar una construcción proyectiva como síntesis personal. Esta imagen para ser desarrollada como proyecto final, trabaja con concepciones latentes como el tipo y el concepto. Aquí se hace referencia a una imagen definitiva que surge como la síntesis de una colección de imágenes, donde la tipología establece su propia naturaleza; ésta puede decirse que se construye en base a una selección de tipos de igual o distinta procedencia; por lo que es en el tipo donde se guardan los caracteres principales, los rasgos, el orden y la composición de una expresión.

Por ello, las imágenes se consideran material para la representación de los tipos y están destinadas a la configuración de la forma; en éstas se plasman las cualidades existentes del proyecto, su estructura y combinación de elementos tipificados. Estas imágenes se representan en esquemas gráficos que se pueden considerar como signos o icónicos, porque se interpretan de alguna manera; proponen el reconocimiento de los objetos a través de su plasmación, así la construcción de estas imágenes "no sólo mentales", sino ya materiales, están destinadas a ser reinterpretadas en la operación proyectual; asimismo son el almacén de las tipologías usadas y funciona como una memoria visual.

Esta imagen material también es conceptual, como señala Magariños[22], debido a que muestra determinadas relaciones ya normadas, donde, se percibe un carácter representativo y la forma en que está configurada. Esto se puede deducir porque se utilizan determinadas cualidades tipológicas; aquí es donde interviene la calidad representativa de la imagen mental, material y conceptual para ser distinguida y orientada a la configuración de la forma. Esta tarea de configuración se cumplirá mediante operaciones de análisis, síntesis e interpretación de tipos específicos, según las propuestas e intenciones que se tengan.

Con ello, se demarca que la tipología actúa en la imagen como un componente o estructura sostén y puede determinar su morfología; por lo que el tipo se vuelve el elemento analítico y constructivo de la imagen. Así se marcan los tipos como el conjunto de líneas que articulan y trazan los rasgos que componen a la imagen en el proyecto; asimismo actúan como los ejes que fijan la disposición espacial de la imagen en su totalidad.

---

[22] Magariños de Morentín, Juan. "La(s) semiótica(s) de la imagen visual". Universidad Nacional de La Plata, Argentina, 2003, http://www.centro-de-semiotica.com.ar

Bibliografía

Argan, Giulio Carlo. *El concepto del espacio arquitectónico desde el barroco hasta nuestros días.* Buenos Aires, Nueva Visión, 1984.

Magariños de Morentín, Juan. *"La(s) semiótica(s) de la imagen visual".* Universidad Nacional de La Plata, Argentina, 2003, http://www.centro-de-semiotica.com.ar

Pasillas Valdez, C. Ignacio. *Arquitectura: cultura, lenguaje y quehacer.* México, Tesis grado de maestría, UNAM, 2000.

Price H.H. *Pensamiento y experiencia.* México, Fondo de Cultura Económica, 1975.

Read, Herbert. *Imagen e idea.* México, Breviarios del fondo de Cultura Económica, 1957.

Aplicación del análisis tipológico en la actividad proyectual

Formulación de un instrumento tipológico

En este apartado, se busca responder principalmente a las siguientes preguntas: ¿cuál es la aplicación de la tipología? ¿Cómo se enseña y cómo se desarrolla? Para ello, se parte por el aspecto más importante que es la generación y propuesta de un instrumento para llevar a cabo el análisis tipológico y establecer con ello su aplicación a casos de proyectos concretos. En este caso, dicho análisis se entiende como un sistema clasificatorio de los elementos materiales de los edificios; asimismo supone toda una clase de componentes determinantes de un tipo arquitectónico. Este análisis se da a través de una estructura o instrumento que permite abordar un estudio global de la obra, contemplando categorías tipológicas ya sean estructurales, funcionales, formales, de relación con el entorno, de técnicas ambientales o por su conformación lingüística y estilística. En cualquiera que sea, el tipo está sujeto al establecimiento de jerarquías de análisis tendientes a establecer una valoración de las obras arquitectónicas en pos de lo que se quiere destacar de las mismas. Por esto el análisis tipológico parte necesariamente de una valoración comparativa de las obras y selección de aspectos esenciales[23], por lo que, la cuestión está en saber cuáles son los criterios más relevantes o cuáles son los aspectos esenciales a tomar en cuenta al diseñar.

Sin embargo, más allá de establecer estos aspectos, es posible con este análisis reconocer las estructuras espaciales existentes para reinterpretarlas.

---

[23] González Riquelme, Alicia. Ordenando el interior. México, UAM, Xochimilco, División de ciencias y artes para el diseño, 1997, p.27.

La tipología entonces, no es exclusivamente un método de análisis, sino una manera o instrumento que ayuda a reinterpretar lo existente y alimentar el proceso del diseñador; con eso se habla de un decantamiento de su idea del espacio abasteciéndose de elementos nuevos para ser incorporados a su bagaje de vocabulario.

Por otro lado, atendiendo a la cuestión sobre los aspectos que actúan no sólo en la valoración de una obra sino en la incidencia de su diseño, se destaca que habrá que indagar tanto en los aspectos lingüísticos como en los conceptuales para poder establecer cómo se llegó a la imagen formal. El análisis tipológico debe plantearse a nivel de la reflexión y de la representación de los tipos; asimismo deben plantearse las condiciones de su transformación.

En este sentido, el análisis parte de una postura que investiga sobre el papel configurador de los tipos edilicios; con todo esto, se puede dar pie a la siguiente interrogante ¿cómo se hace o en qué consiste un análisis tipológico y con qué fin? Como se ha dicho, el análisis tipológico realizará un decantamiento de los tipos arquitectónicos que se irán seleccionando, analizando y reinterpretando para formar la base del hacer proyectual. Para esto habrá que plantear un plan que logre identificar y analizar los tipos, señalando con ello que este plan más que funcionar como método, funciona como instrumento o como guía con la que se puede dar respuesta a cómo se efectúa este proceso. De esta manera se propone el siguiente modelo de análisis:

1.- Partir del programa base que se establece como un requisito previo al proyecto, integrando la serie de necesidades.

2.- Ubicar el caso o proyecto en su ámbito histórico, cultural, temporal y geográfico, para analizar posteriormente sus incidencias en la elaboración del proyecto.

3.- Clasificar los diversos rasgos (fijos y variables) de los tipos edilicios comunes al proyecto según los siguientes criterios:

- Identificar las categorías tipológicas: funcional, estructural, formal y contextual. (Ver texto sobre las categorías tipológicas).

- Identificar los casos comunes al proyecto para llevar a cabo el análisis.

- Abstraer los rasgos comunes de los edificios antes identificados bajo el reconocimiento previo de las categorías tipológicas. Aquí se analizan, abstraen, seleccionan y contrastan los diversos rasgos definidos en los edificios para cada categoría tipológica; asimismo se determinan los rasgos fijos y variables de los edificios. En este caso, se tendrá que responder a: ¿qué rasgos son los más comunes para el caso y cuáles no? para hacer una selección y jerarquización de rasgos fijos y móviles y conformar a partir de ello, su tipo funcional, su tipo estructural, su tipo contextual y su tipo formal.

4.- Iniciar un momento pre-conceptual y pre-valorativo de todos los rasgos para interpretarlos y referirlos al proyecto. De esta manera se fijan las primeras intenciones de diseño para cada categoría. En este caso se identifica el motivo y la razón de ser de cada rasgo o elemento tipológico que estará presente en el proyecto.

5.- Caracterizar y dar forma a cada elemento o rasgo tipológico mediante esquemas hipotéticos de trabajo para la elaboración del proyecto definitivo.

En este caso se modelan diversas combinaciones esquemáticas para llegar a la elección tipológica definitiva.

6.- Diagnosticar la conformación tipológica del proyecto analizando el vocabulario, los conceptos y los contenidos (o categorías tipológicas). Aquí se interpreta la instauración de las categorías tipológicas propuestas para producir la retroalimentación del mismo proceso.

7.- Criticar y reflexionar enfrentando la propuesta arquitectónica a su contexto histórico y cultural que le da significado.

En conclusión, este proceso se ve como una aplicación práctica de la tipología a los proyectos donde se seleccionan, analizan y caracterizan los requerimientos del proyecto en base a los tipos edilicios, de tal manera que las tipologías se ven manifestadas en la práctica y son vistas como parte de un proceso histórico en la concepción del proyecto. En este sentido, el tipo existe en la práctica y se establece tanto como el elemento interno en el diseño de los objetos, como el principio de modificaciones infinitas.

Propuesta para realizar los ejercicios de aprendizaje

Para enseñar la incidencia de la tipología en la actividad proyectual, en el apartado anterior, se plantea un plan o guía que presenta una secuencia de pasos a seguir. Asimismo para determinar el análisis de cada categoría tipológica se propone que se lleve a cabo el siguiente ejercicio, como ejemplo para la aplicación de todas las categorías propuestas.

a. Señalar los elementos clave que se evaluarán en el proyecto, como:
- El partido arquitectónico como diagrama geométrico donde se representan las funciones.

- Las circulaciones: establecer las interconexiones entre los locales internos y externos.

- Definir los usos: definir el sistema de actividades que se requieren y caracterizar el modo en cómo se realizan.

b. Identificar la serie de tipos para cada categoría, como elementos significativos para la composición de la forma: funcional, formal, estructural y contextual.

c. Generar la elección de rasgos fijos y variables para cada serie de tipos en cada categoría, indicando:

- Intenciones proyectuales

- Esquemas. Relato visual o discurso gráfico, bagaje de vocabulario.

d. Justificar la elección tipológica para cada categoría en la formación de la imagen del proyecto.

- ¿Por qué se elige un tipo?

- ¿Qué incidencia tiene en el proyecto?

- ¿Cómo se modifica?

Bibliografía

González Riquelme, Alicia. *Ordenando el interior.* México, UAM, Xochimilco, División de ciencias y artes para el diseño, 1997.

Las categorías tipológicas

En este apartado, como complemento a la aplicación del análisis tipológico, se definen e identifican las categorías que se pueden contemplar en el proyecto. Con ello se busca realizar una aproximación, dejando abierta la posibilidad de que existan muchas otras. En este sentido es posible hablar de tipos de ambientes, de tipos constructivos, de uso funcional, de configuraciones formales, de tejido urbano, pudiendo numerarse un sin fin de ellos. Esto nos lleva a considerar sólo algunos tipos que puedan revestir el fenómeno arquitectónico como elementos constitutivos. De esta manera, se ofrece un particular conjunto de categorías que pueden señalarse como significativas en el proyecto, estas categorías a su vez se dividen internamente en tópicos que engloban una serie de tipos. Por lo tanto, se señalan las siguientes:

Tipología genérica o funcional

Se refiere a la organización espacial y funcional del objeto, a su fin o destino. Por ello, cuando se habla de hospitales, escuelas, iglesias, se hace alusión a una serie de funciones del habitar humano en correspondencia a su organización espacial. Aquí se habla de una serie de funciones que constituyen y determinan el tipo de organización; naturalmente pueden insertarse nuevas funciones, al tiempo que otras pueden desaparecer para alterar el género del tipo. En este sentido el género del edificio se define por el tipo de conexión entre las funciones y su caracterización en los objetos que habitamos. Por ello el género del tipo es el mismo que el género de la función. Aquí podemos ver que la estructura del tipo en cuanto a la alteración de funciones no cambia, sólo cambia su género, por ejemplo: escuela primaria, escuela de natación, universidad; estas funciones pueden condicionar la cantidad, las dimensiones y el tipo de locales; de cualquier modo esta tipología "escuela" lleva a una definición de diversos tipos con cualidades específicas, así se responde al tipo de escuela. Entonces es posible hablar de una tipología genérica. En este caso hablamos de un sistema de tipos que provocan una categoría tipológica y ésta a su vez se define por lo que a sus aspectos formales se refiere, por el tejido, mezcla o repetición de tipos según diversas funciones. En este sentido, se conservan ciertos caracteres de generalidad tipológica o rasgos que servirán como un esquema de clasificación del que se pueden extraer sugerencias válidas acerca de la naturaleza del objeto arquitectónico.

El problema está en plantear primero la individualización de las funciones o locales, la distribución de las funciones y sus conexiones; por ello se recurre a la planta arquitectónica en cuanto a diagrama geométrico de funciones y recorridos de los que se deriva una geometría. Esto señala que al destinarse un edificio a una particular función, se debe elegir entre los distintos tipos de función espacial que resulten más adecuados, éstos se refieren a los usos prácticos que se presentan como instrumentos válidos para la indagación sobre las condensaciones de las funciones sociales[24]. Por lo tanto, esta tipología puede considerarse como un aspecto importante en la práctica del diseño y su carácter puede dar indicaciones acerca del tipo de respuesta que el arquitecto provee a los modos de vida. Aquí se consolidan e integran las actividades, las funciones y los usos en conjunto con un código que los representa; por esto se dice que "la tipología funcional no implica sólo el fijar esquemas o programas típicos para corresponder a determinados usos

---

[24] Waisman M., La Estructura Histórica del Entorno, Buenos Aires, Nueva Visión, 1985, p.100.

sociales"[25]; sino que esto nos lleva a construir una tipología de estructuras con diversas interacciones, donde la totalidad del espacio asume la función, multiplicando al infinito las posibles formas de articulaciones entre las partes.

En esto, se trata la discusión y análisis del programa que es el primer encuentro del arquitecto con la tipología funcional. Los requerimientos se traducen a un programa arquitectónico donde se busca la caracterización de cada elemento en base a los tipos identificados, pero no fijos ni imitados, sino replanteados. De esta manera, vemos que del programa se generan esquemas donde se conceptualiza y caracteriza cada función, en este sentido la articulación de las funciones en el espacio coincide necesariamente con su articulación formal, estructural y contextual; de manera que la construcción de la imagen formal del proyecto no puede sólo emanar de la articulación funcional, sino de todas las categorías tipológicas a la vez. Parece que hubiéramos llegado así, a descubrir el momento clave del proyecto; donde vemos que en la elaboración de cada tipología se encuentran la función, la forma y todos los contenidos. Es en este punto donde se define la coherencia de una obra.

En conclusión, esta tipología genérica o funcional va conformando el acervo de usos y costumbres que se dan en un marco cultural; de manera que en el proyecto se busca caracterizarla utilizando a los tipos para definirla y a los códigos para representarla. En este caso el análisis tipológico representa un instrumento que permite estudiar la gama de usos y actividades de la vida cotidiana, según sea el caso.

---

[25] Waisman M., Op Cit, p.101.

Tipología estructural

Esta tipología puede ceñirse al modo en que materiales y técnicas constructivas entran en acción con las tipologías formales, funcionales y contextuales. En esta categoría la serie de tipos estructurales puede considerarse como aquellos elementos a los cuales se recurre como modelos construidos a utilizar en el diseño arquitectónico[26]. En estos casos se emplea la serie como punto de partida para la concepción de nuevas estructuras, aquí es donde se verifica la instancia tipológica, en la cual a partir de un tipo y a través de su crítica, su desarrollo o su rechazo se crean nuevas formas; o bien se perpetúan algunos elementos de los tipos existentes como punto de apoyo para la innovación.

En este sentido, la tipología estructural asume un papel rector en el proyecto al igual que las demás. Esta categoría tipológica engloba la definición de la estructura siguiendo una intención de diseño en conjunto con su definición o reseña histórica; asimismo puede desdoblarse en diversos tópicos que contienen la serie de tipos que explican las características geométricas de la estructura, los tipos de apoyos de acuerdo a su función estructural, los materiales, las técnicas constructivas y el comportamiento del esqueleto estructural.

Tipología formal

Conocida también como estilística o lingüística, trata de los principios fundamentales u organizativos de la forma. Esta tipología representa un contenedor de una serie de tópicos conceptuales que engloban a dichos

---

[26] Waisman M., Op Cit, p.70.

principios. Así puede implicar esquemas de crecimiento, de transformación, de generación de formas y de códigos lingüísticos. Con el fin de determinar un estilo, el acto de formar es al mismo tiempo un acto de poner en juego todo un as de elementos tipificados, aquí se crean nuevos elementos y conceptos, así como otros tipos de soluciones. La forma en sí hace referencia a un bagaje de vocabulario que contempla signos conocidos y mediante la provisión de éstos, la expresividad formal hace referencia a una tipología, donde los elementos se conjugan con la función, con la estructura y con el contexto.

Estos tipos formales contienen especial flexibilidad y se refieren a tópicos como los principios de composición de donde derivan una serie de tipos como: el tipo de jerarquía, de unidad, de equilibrio, de contraste, de ritmo, de simetría y de geometría. De esta manera se construye una serie de puntos a tratar o tópicos que comprenden los principios básicos de la forma, para sacar de ello una diversidad de tipos de relación formal entre los elementos. Otros tópicos podrán ser las relaciones de influencia y de intensidad o densidad; de donde se deriva una serie de tipos como: el tipo de proporción, de escala, de orientación, de posición, de distancia, de relación tonal, de brillantez y de textura.

En este sentido, las tipologías formales presentan a su vez una autonomía y carga histórica en el campo de la arquitectura debido a que surgen, evolucionan y se elaboran como caparazones que se van desprendiendo y mutando con el tiempo.

Tipología contextual o físico-ambiental

Esta tipología trata de la relación conceptual y material que existe entre la obra y el entorno, en este sentido se mide la relación interior-exterior que se da en la obra e influye en la determinación espacial, en sí abarca la cuestión del entorno total donde la obra se entiende como el germen de la organización de éste. De manera que en el proyecto se desarrollan vínculos tipo que dialogan con el entorno existente; por lo tanto ésta tipología puede señalarse como una tipología de la urbanidad, donde el arquitecto recupera algunos rasgos del entorno inmediato, cubriendo así la necesidad de mantener un diálogo vivo con éste.

Esta tipología de relación con el entorno ha sido objeto de tipificaciones y esquematizaciones en relación a su vínculo; en este sentido se da tanto en el aspecto formal, como en el de la funcionalidad externa-interna. En este punto es donde se mezclan los diversos tópicos como: los aspectos físicos–ambientales y climáticos, donde se maneja el tipo de uso de la luz, del aislamiento y del topos-tipo; los aspectos espaciales, donde se define el tipo de límite, de las visuales, de las perspectivas y de la apertura; y los aspectos compositivos donde se define el tipo de relación de la obra con el entorno inmediato siguiendo a un tipo armónico, de unión, de fusión, simbiótico, mimético o de oposición.

Con todo esto se verifica que dentro del proceso de diseño existe un "momento tipológico" en la interpretación de los requerimientos y datos. En este sentido hablamos de una instancia crítica y creativa, por ello pueden formularse tipologías con nuevos conceptos formales. De esta manera este análisis tipológico presenta una manera de entender cómo se construye la forma arquitectónica sentando las bases en la búsqueda, análisis e interpretación del tipo.

Bibliografía.

Waisman, Marina. *La estructura histórica del entorno*. Buenos Aires, Nueva Visión, 1985.

Del contexto

El estudio de la contextualidad en el proyecto

Introducción

En el momento en que se reflexiona sobre el papel que juega el paisaje cuando se proyecta, nos generamos las siguientes preguntas: ¿qué es la contextualidad? ¿Es posible diseñarla? ¿Cómo se lee en el proyecto? ¿Cómo se previene en el hacer proyectual? ¿Es igual leerla que diseñarla? A partir de ello, la reflexión se centra en verificar si en la actualidad el arquitecto planea o no este contenido arquitectónico en su hacer, planteando una postura que valora su empleo y estudio en la enseñanza de la arquitectura.

De esta manera se acentúa que la arquitectura para proyectarse requiere de recursos o contenidos que se moldean procesualmente. Aquí se hace referencia a una condición de "anticipación" conceptual, probablemente diagnóstica sobre el contexto. Cuando se proyecta imaginariamente se anticipa lo que será el objeto, es posible prevenir su comportamiento en el contexto estudiado bajo una evaluación analítica y diagnóstica que lleva a interpretar y plasmar la "materia" proyectual a manera de "prefiguración" del objeto.

Este diagnóstico se vuelve parte de un principio metodológico en donde se comprende que el proyecto responde a un marco de referencia ambiental como comprensión previa de la realidad física, cultural y geográfica donde se insertará. Existen nexos entre la arquitectura y su marco contextual al que se debe regresar continuamente para entender y valorar el sitio.

¿Qué influencia tiene el contexto en el proyecto? ¿Pueden generarse entrelazamientos o vínculos con el entorno? Si es posible leer la contextualidad en el objeto o su comportamiento con el entorno, entonces se puede explicar cómo se diseña o planea en el proyecto. Así el clima, el terreno, las vistas, el relieve, la hidrografía y la orientación son algunos de los requisitos específicos que se vuelven factores determinantes en la forma del objeto.

Definición

La "contextualidad" se refiere al sitio, al lugar donde se funda la obra con el entorno. Se entiende como la relación de la arquitectura con el entorno físico inmediato, donde el contacto del hombre con su medio natural genera la capacidad de articular los elementos arquitectónicos en conjunto para darse una relación hombre-arquitectura-entorno. Aquí se descubren una serie de fenómenos que permiten al arquitecto organizar y relacionar al objeto con el entorno físico que lo rodea; en esta relación, se revela lo que el sitio encierra en sus características físicas para reflexionar y proponer soluciones hacia una articulación de elementos arquitectónicos y contextuales. Esto obedece a una transformación y valoración del medio, del lugar donde se inserta la obra.

En la contextualidad se establece una serie de elementos que sirve para transformar al medio y entrar en relación dialéctica u opuesta con él, en este caso el entorno significa "esencialmente todo lo que está alrededor de un individuo en el espacio o en el tiempo"[1], viéndolo como un sistema espacial y temporal, como el entorno próximo o lo que está alrededor y al alcance, donde el objeto arquitectónico se convierte en un objeto condicionado al medio. El hecho es que el objeto se conecta directa o indirectamente a él estableciendo un tipo de relación o vinculación en esferas distintas, así el entorno urbano o natural alberga un tipo de vida y de actividad que se

---

[1] Moles, Abraham. Teoría de los objetos. Barcelona, Gustavo Gili, 1979, p.12.

constituyen como el marco artificial donde se inserta a la obra. Entonces la contextualidad ocurre cuando el objeto entra en relación con el conjunto de elementos que condicionan de algún modo su ubicación, su posición y composición lingüística; en ésta la obra arquitectónica tiene una imagen tal que los conjuntos de edificios pueden tener y ser conectados por la misma relación o por otra. Por ello, se entiende como la conexión del edificio con el entorno, donde hay una intención de composición.

Así se deja ver que la obra no se entiende como ente individual, sino que se considera como formadora del contexto, es un elemento que modifica, afecta y transforma el entorno donde se inserta. En este sentido la relación con el sitio afecta de dos maneras a la obra:

a. El objeto arquitectónico queda determinado por el contexto como objeto culturalizado, influenciado y condicionado por el entorno. Esta disposición no se refiere a la simple comprensión del medio, sino al análisis de las relaciones del medio físico en el marco de su cultura. Es al mismo tiempo una relación de percepción y de conocimiento del sitio; donde la expresión del objeto arquitectónico desde su concepción en el proyecto reconoce su valor como elemento dialéctico. Autores como Muntañola definen esta vinculación como el equilibrio entre el objeto arquitectónico y el entorno, entre lo natural y lo artificial[2]; o como señala Pozo "es el estado temporal de equilibrio que el hombre alcanza a través de sus establecimientos".[3] Por lo tanto, la ubicación del edificio se define en una localidad geográfica y en una cultura determinada, donde se organiza la colectividad que ahí se desenvuelve y vive.

---

[2] Muntañola, Josep. Comprender la arquitectura. Barcelona, Teide, 1985, p.121.
[3] González Pozo, Alberto. El dominio del entorno. México, SEP, 1971, p.5.

Esta noción de una arquitectura que se configura según una situación y un entorno determinados condensa una particular idea de un escenario, de una región, de un sitio; y el reto de trabajar con culturas, climas y condiciones urbanas diferentes exige un emplazamiento de la arquitectura en relación directa con su entorno próximo. Así como lo señala Holl, se puede enunciar una "arquitectura del entrelazamiento"[4], como una arquitectura que se ilustra mediante las experiencias perceptivas, conceptuales y lingüísticas.

b. La obra arquitectónica es entendida como condicionante del contexto, es decir, como generadora del entorno y como elemento culturalizante debido a que impone y genera "contexto". Entendiendo en ello, que la obra como formadora de contexto está definida por su condición material y tangible, es decir que a partir de su presencia en el sitio se genera una "zona" contextual que no se sabe precisamente hasta donde llega, ya que no hay límites visuales y culturales; probablemente el único límite que existe sea de tipo geográfico, "alineamiento". Sin embargo la incidencia del objeto a nivel cultural, social y visual en el entorno no se define en términos limitantes, por lo que esta relación contextual se concibe como una vinculación sin límites.

De cualquier manera, el objeto arquitectónico al ser concebido en el proyecto como elemento culturalizado y al comportarse como elemento culturalizante cuando se edifica, es en sí una expresión de las formas de habitar. Por eso esta dualidad determina en un sentido la concepción de la contextualidad en la acción proyectual como un elemento determinante que afecta e incide en la

---

[4] Holl, Steven. Entrelazamientos. Barcelona, Gustavo Gili, 1997, p.7. Este texto contempla el análisis y la crítica de diversos objetos arquitectónicos en base a esta idea de "entrelazamiento" de la obra con el entorno; de ahí, que sus conceptos sean retomados.

forma del objeto y en otro sentido, como un elemento que queda establecido con la presencia de la obra en el sitio.

Sin embargo, para establecer a la contextualidad como un contenido que interviene en la acción proyectual es necesario responder a algunas preguntas, como: ¿qué elementos se consideran para elaborar un diagnóstico contextual en el proyecto? ¿Cómo se identifican éstos elementos en la lectura del proyecto? ¿Cómo se idea o se concibe una intención contextual? y ¿Por medio de qué elementos se plasma o representa la intención contextual y cuál es su condición expresiva? Todo esto, tomando en cuenta que en el proyecto se determina si se trabaja en un contexto consolidado o bien, que será conformado con el tiempo en su dinamismo y en su transformación; asimismo, entendiendo que en la acción proyectual se previene la manera de actuar del objeto con su entorno, ya sea como elemento culturalizado o como elemento culturalizante.

En este caso, la elaboración de un diagnóstico contextual en el proyecto puede simular la escena visual y representativa del contexto real. En dicho diagnóstico se prevé el comportamiento del objeto arquitectónico en su entorno, de ahí que se busca establecer a los elementos tipológicos y morfológicos que intervengan en la definición de la vinculación objeto-entorno desde un sentido proyectual.

¿Cómo se planea lo contextual en el proyecto arquitectónico?

El diagnóstico

Como se dijo anteriormente, el proyecto arquitectónico se encuentra entrelazado con el entorno; a continuación se analiza lo que se entiende por ese "entrelazamiento". Es un concepto que se sustenta en el vínculo, en la conexión o unión de la experiencia del espacio y el tiempo; del aquí y del allá, del adentro y del afuera o del interior y del exterior. Esta idea de "entrelazamiento" como una red de reciprocidades y vínculos con el "allá afuera", busca expresarse mediante los recursos lingüísticos que el arquitecto utiliza. Entonces se busca determinar cómo se piensa la relación objeto-entorno y cómo se identifica en la lectura del proyecto. Para responder a ello, se deben identificar los elementos que condicionan la presencia del objeto o las exigencias del sitio bajo un diagnóstico contextual que ha de trasladarse al proyecto; considerando los elementos lingüísticos y morfológicos que definen al entorno y afectan o determinan la forma del objeto, pensando su agrupación de la siguiente manera:

a. Factores de la silueta circundante

- Aspectos compositivos: tipo de entorno (escenario, alturas, proporciones, escalas, masas, vacíos, ejes, orientación de volúmenes, ritmos, secuencias formales y geometrías, perfiles, traza urbana, sembrados)

- Usos del suelo y reglamentos.

- Texturas del entorno: materiales (color, textura, acabados).

b. Equipamiento urbano

- Zonas de carga y descarga.

- Equipamiento: cisternas, drenaje, luz, agua, estaciones, equipos especiales, áreas recreativas, zonas colectivas, privativas, comercio, trabajo.

c. Factores físico-ambientales

- Elementos naturales: agua, piedra, vegetación (barreras, ornamentos, vinculaciones) para generar efectos ambientales con la presencia del sol, el agua y la vegetación.

- Manejo de la luz: sombras y reflejos para generar tonos, resaltar texturas, volúmenes, llenos y vacíos; manejo de la luz natural o artificial, directa o indirecta para afectar la fluidez espacial y visual, para asociar interiores y exteriores y para generar contrastes o continuidades.

- Clima: vientos, lluvia, temperatura para determinar la forma del objeto, las fachadas abiertas o cerradas, los techos inclinados o planos.

d. Factores del Terreno

- Vistas: visuales interior-exterior y viceversa, perspectivas, ángulos.

- Emplazamiento: ubicación, posición, modificación topográfica o integración.

- Geometría del terreno.

e. Factores de aproximación y espacialidad exterior

- Forma de aproximación al edificio: flujo vehicular y peatonal, tipo de circulación externa (trazo, estructura o retícula de circulaciones, conexiones, abierto, cerrado, lineal, radial, laberíntica, fragmentaria, en "U", "O", "I"), orientaciones, direcciones, sentidos, jerarquías, zonas de alta y baja circulación.

- Elementos de acceso y salida: pórticos, secuencias de accesos, elementos de circulación (calles internas, pasillos, cruces, portales, corredores, elementos que comunican y organizan la distribución), plazas, patios interiores, terrazas (zonas de transición y distribución, puntos de encuentro).

- Remates, filtros y barreras: barreras físicas (muros, planos, volumen); filtros (elementos transparentes, abiertos); remates (visual, reflejos). Aquí se toma la disposición de planos y superficies que se abren o se cierran espacial y visualmente para revelar un paisaje cambiante, continuo, lo irrumpen o lo interrumpen. En este sentido, se genera un aspecto conflictivo entre el objeto arquitectónico y su entorno, ¿hasta dónde llegan los límites geográficos, físicos y visuales?

- Tipos de conexión: para espacios públicos, privados y definición de espacios prioritarios.

f. Historicidad del sitio

- Elementos tipológicos, morfológicos y estilísticos del sitio.

Estos factores, pueden leerse en el proyecto como una condición a priori a la existencia del objeto, se previenen al proyectar. De manera que se cuestiona sobre ¿qué implicaciones formales se obtienen del estudio del lugar como determinante de la obra? y ¿qué puede aportar el proyecto de la obra arquitectónica como condicionante del contexto o generador de él?

Este diagnóstico abre otras preguntas interesantes: ¿cómo se traslada el estudio de la contextualidad al proyecto? ¿Cómo se genera y se define la contextualidad en un nivel de intenciones proyectuales y de representación lingüística? Aquí habrá que analizar los tipos de entrelazamientos que se producen para identificar cómo actúa el objeto en el entorno y cómo lo afecta.

De esta manera se propone la existencia de una red de reciprocidades que se identifican a continuación.

g. Los tipos de entrelazamientos interiores-exteriores

Presentados en una serie de implicaciones formales de la obra que inciden en el contexto como:

- La prolongación del interior al exterior y viceversa, lograda con elementos que permiten la transparencia, la penetración de elementos, la conexión y la continuidad.

- La simbiosis contextual establecida por elementos que permiten el mimetismo y la fusión de la figura con el fondo.

- La oposición contextual dada por elementos que permiten el contraste y la negación.

- El topos-tipo, generado por elementos que permiten la incorporación armónica y la unión. En este caso, la configuración geométrica del terreno ayuda y determina la forma del objeto.

- La imposición contextual originada por elementos que acentúan la presencia del objeto.

- El fragmento contextual logrado por elementos que enmarcan una parte del entorno.

- La fachada-entorno generada por elementos que actúan como espejos y reflejan el entorno.

- El brote contextual establecido por elementos que simulan estar contenidos en el entorno o brotan de él.

- El aislamiento contextual dado por elementos que separan el conjunto, lo disgregan, o fraccionan. Se representa como una oposición al medio y a sus condicionantes ambientales interviniendo, para ello los materiales, la composición geométrica del objeto y su lenguaje. (Negación y desvinculación térmica, acústica y desconexión interior-exterior).

- La horizontalidad originada por elementos que se integran a las proporciones de la silueta circundante.

- La verticalidad lograda por elementos que se integran a las proporciones de la silueta circundante.

- La polaridad cerrado / abierto.

Bibliografía

González Pozo, Alberto. *El dominio del entorno.* México, SEP, 1971.

Holl, Steven. *Entrelazamientos.* Barcelona, Gustavo Gili, 1997.

Moles, Abraham. *Teoría de los objetos.* Barcelona, Gustavo Gili, 1979.

Muntañola, Josep. *Comprender la arquitectura.* Barcelona, Teide, 1985.

Valle de Bravo, el efecto de una cultura acuática

Una metodología de análisis

Introducción

Este apartado surge de la inquietud de revisar las relaciones que existen entre la arquitectura y el paisaje, teniendo como elemento de conexión la presencia del agua. En este sentido, se toma el caso de Valle de Bravo, municipio ubicado entre los estados de Michoacán y Guerrero de la República Mexicana. En dicha población se genera una transformación cultural e histórica a partir de la construcción de una presa para el municipio. Esto lleva a los pobladores a buscar nuevos medios de sustento económico, de manera que nacen expresiones urbanísticas y arquitectónicas particulares. Conforme a ello, el agua además de ser un recurso natural y vital para el desarrollo del ser humano cobra un valor arquitectónico y paisajístico que se manifiesta como símbolo de una expresión cultural. Esta integración ambiental se refleja en el goce estético del lugar, donde la vinculación armónica arquitectura-ciudad-paisaje se logra a diversas escalas. En síntesis se indaga en la incidencia de la presencia de la presa en el municipio de Valle de Bravo como efecto en la cultura, en la expresión estética del lugar y en las tipologías arquitectónicas y urbanísticas.

Base metodológica

Se elabora un instrumento teórico-metodológico que se concibe como un sistema de hipótesis susceptible de contrastación[5], sin ser conceptualmente in-equivalente a la realidad inmediata. De esta manera, se plantea una

---

[5] Bunge, Mario. Teoría y realidad. Barcelona, Ariel, 1972.

estructura que comprende una serie de categorías mediante las cuales se explica la vinculación arquitectura-ciudad-paisaje formulando el siguiente modelo:

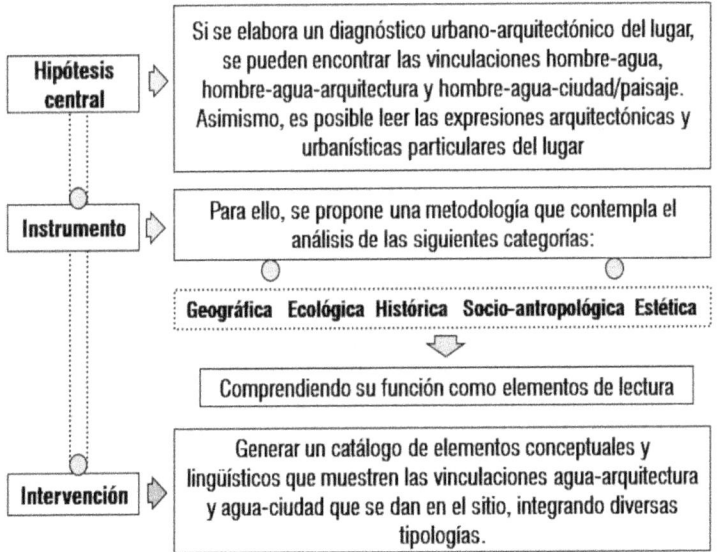

Esta elección y elaboración del instrumento depende del objetivo del estudio, sin pretender que sea formulado como una estructura rígida; sino que se entiende como una base metodológica que se va modificando y alimentando conforme se aplica y traslada a la lectura del paisaje.

El instrumento y su aplicación

La categoría geográfica

Define las características físicas del sitio, integrando un estudio del territorio (localización, vías de comunicación, límites, relieve y geología) del ecosistema (flora y fauna existente) del clima (temperatura) y de la hidrografía (ríos existentes y precipitaciones).

Estudio del sitio: Valle de Bravo se ubica entre los estados de Michoacán y Guerrero, se comunica por las carreteras estatales de Toluca y Temascaltepec; colinda al norte con Donato Guerra, al sur con Temascaltepec y al oeste con Ixtapan del Oro. Cuenta con una superficie de 421.95 km2, se encuentra a 1800 m.s.n.m. y tiene una población de 53 007 habitantes. Es un territorio dividido en propiedad privada, ejidal o mixta y está conformado por tres tipos de suelos: el andosol (tierra negra formada de cenizas volcánicas, de textura suelta y susceptible a la erosión) el acrisol (suelo viejo de origen volcánico, amarillo claro, pobre en nutrientes, arcilloso, fácilmente erosionable, alrededor de la laguna) y el cambisol (pequeñas proporciones al sureste del municipio)[6]. La flora y fauna del Municipio pertenece al bosque templado y tropical, encontrándose también árboles frutales y cultivo de flores que permiten a la población construir invernaderos y elaborar conservas. El clima del municipio es templado subhúmedo con lluvias en verano, la dirección de los vientos dominantes va de poniente a oriente y la temperatura promedio anual es de 17.5 grados centígrados; esto estimula la presencia de la mariposa monarca, las actividades al aire libre y los deportes acuáticos. El municipio cuenta con los ríos de Malacatepec, Valle de Bravo y el río del Molino pertenecientes a la cuenca del río Balsas.

La categoría ecológica

Se refiere a los cambios ambientales provocados (efectos y trastornos que contrajo la construcción de la presa) a la calidad del agua (niveles de contaminación y tratamiento) a la prevención (mantenimiento de la presa y

---

[6] González Carranza, Héctor. Valle de Bravo. Monografía Municipal. Instituto Mexiquense de Cultura, México, 1999.

reforestación del lugar) y al uso de la presa (actividad industrial, pesquera y abastecedora de agua potable).

Estudio del sitio: La presa se llena por un estancamiento que aprovecha el cañón natural del lugar, se alimenta por los ríos que en ésta convergen y genera la construcción de nuevos caminos. El agua disponía de las mejores condiciones de calidad; sin embargo actualmente existen viviendas que disponen de drenaje con desagüe al río[7]; esto significa que el 75% del agua de la presa es potable, ya que también es contaminada por el lodo que arrastran los ríos a causa de las fuertes lluvias y por el crecimiento constante del lirio acuático. La construcción de la presa implica también la tala de árboles, el crecimiento de la mancha urbana y la deforestación; por ello se limpia el lirio acuático, se reforesta, se establece una planta tratadora de aguas y se realizan campañas para reubicar los drenajes de casas irregulares con el uso de la fosa séptica.

La categoría histórica

Evolución de asentamientos en el sitio: Prehispánico (1150-1523 d.c) Colonial (1523–1615) de Independencia, Reforma y Porfiriato (1810-1910) y de la Revolución hasta nuestros días (1910-2005). Asimismo, se hace referencia a la historia de la presa (integración al Sistema Cutzamala).

Estudio del sitio: Los primeros pobladores del municipio fueron los matlatzincas, sociedad militarista con influencia tarasca quienes desarrollan un importante centro urbano–administrativo conocido como "la peña", donde se encuentran las ruinas del templo de la diosa de los baños o temascallis. En

---

[7] González Carranza, Héctor. Valle de Bravo. Monografía Municipal. Instituto Mexiquense de Cultura, México, 1999.

el periodo colonial se contaba con minas, una alcaldía mayor, asientos de poblaciones españolas y tres pueblos indígenas en jurisdicción. La presencia simbólica del agua la retoman los frailes en su ritual católico con el significado prehispánico: "baño de pureza" y se nombra al pueblo como San Francisco del Valle de Temascaltepec, fundado y asentado entre los cauces de los ríos; antiguamente llamado "Temascaltepec" por su raíz náhuatl: Temascalli (baño de vapor) y tépetl (cerro) "cerro de los temascales"[8]. Las actividades agrícola y ganadera tienen auge en las haciendas, las cuales son quemadas en las guerras de Independencia y Reforma. Éstas se levantan en el Porfiriato y generan fábricas artesanales de rebozos y aguardiente; se explotan diversas minas y Valle de Bravo se instaura como municipio. En 1904 se instala la primera planta de luz "el molino", en 1937 la CFE inicia la construcción del sistema hidroeléctrico Ixtapantongo llamado después "sistema hidroeléctrico Miguel Alemán" y actualmente "Sistema Cutzamala"[9]. De 1938 a 1947 se construye la presa Valle de Bravo que de producir energía, ahora abastece de agua al área metropolitana.

La categoría socio-antropológica

Explica el cambio de vida de la población (sociedad agrícola y ganadera a sociedad agroindustrial y acuática) la percepción del agua (como elemento visual, sonoro, dinámico y contemplativo) el uso del agua (deportes acuáticos) y los focos turísticos que se identifican por su presencia.

Estudio del sitio: se produce un cambio radical en la población agrícola-ganadera, ésta se reduce y se detona un efecto migratorio que provoca la

---

[8] González Carranza, Héctor. Enciclopedia de los municipios de México. Municipio de Valle de bravo, Secretaría de Desarrollo y Turismo, México, 2001.

[9] Revista de la CNA, Sistema Cutzamala. Agua para millones de mexicanos, CNA, México, 1997.

existencia de dos grupos sociales: los lugareños y los turistas que acuden los fines de semana al municipio para descansar. La industria cambia y se promueve la fabricación de artesanías, muebles y cerámica, la producción de conservas, el cultivo de flores, la construcción, el turismo y la actividad pesquera.

Esto se refleja también en la morfología de la ciudad y en la valoración estética del lugar, generándose una "acuacultura", el agua se integra al modo de vida de los pobladores y lo determina. Esta interacción hombre-agua se percibe principalmente de dos formas: visualmente con el lago y acústicamente con las cascadas. El agua de ser un elemento estático y contemplativo se vuelve un elemento dinámico y sonoro; los espacios que cuentan con su presencia como: la presa, el embarcadero municipal, la cascada, la peña, el centro histórico, el parque el pino, la alameda, los complejos turísticos y residenciales, los clubes náuticos y los muelles son para los lugareños y los turistas focos que propician la convivencia, el gozo y el contacto con el entorno natural. En estos sitios se realizan festivales, paseos escénicos y actividades deportivas como el sky acuático, el veleo, las regatas y el parapente. Esta "acuacultura" es la responsabilidad que cobra el vallesano ante el cuidado del agua; asimismo es una premisa que lo lleva a conservar las tradiciones culturales del municipio y valorar las especies de animales y plantas que allí encuentran su hábitat.

La categoría estética

Define las representaciones artísticas del agua y establece las tipologías que responden a la vinculación agua-arquitectura y agua-ciudad, siguiendo esta noción: "el tipo no representa tanto la imagen de una cosa que deberá copiarse o imitarse perfectamente sino más bien, da la idea de un elemento que sirve de regla al modelo"[10], funciona como un modelo del que se extraen esquemas, ya que resume los rasgos característicos de un grupo de elementos arquitectónicos o urbanísticos permitiendo su clasificación[11] y cualquier variación[12].

Estudio del sitio: La alfarería y las artesanías se decoran con motivos y colores que remiten los tonos del agua.

Las tipologías generadas de la relación agua–arquitectura

Tipología 1. Arquitectura de "fuentes", donde se genera la relación sonora y ornamental, hay espacios abiertos y públicos como plazas y jardines.

Tipología 2. Espacios "escénicos", donde existe la relación visual, que es escénica y contemplativa, son espacios recreativos con vista al lago (mirador, embarcadero municipal y campamentos).

Tipología 3. Arquitectura "flotante", donde la relación es visual y móvil, hay espacios públicos, estructuras abiertas, terrazas que flotan y generan inestabilidad o movimiento continuo (restaurantes flotantes).

Tipología 4. Arquitectura y "alberca", donde la relación es lúdica, visual y táctil, son espacios recreativos privados para el descanso y la diversión (complejos turísticos: hoteles, posadas y clubes náuticos).

---

[10] Quatremère de Quincy (1832) citado por Bohigas Guardiola, Oriol. Proceso y erótica del diseño. Barcelona, La Gaya Ciencia, 1972.
[11] Gregotti, Vittorio. El territorio de la arquitectura. Barcelona, Gustavo Gili, 1972.
[12] Argan, Giulio Carlo. El concepto del espacio arquitectónico desde el barroco hasta nuestros días. Buenos Aires, Nueva Visión, 1984.

Tipología 5. Arquitectura de "conexión y anclaje", se genera en residencias de estilo tradicional (adobe, techos inclinados, teja roja y balcones), con jardín en la rivera del lago y espacio transitorio como "el muelle" que se conecta y prolonga hacia el agua.

Tipología 6. Arquitectura de "basamento", aquí la relación es opositora y protectora; hay un basamento con énfasis constructivo o muro contenedor, del cual, el muelle se deriva de su versión (casas del lago y clubes náuticos).

Tipología 7. Arquitectura "fragmentada", anclada a la topografía, genera zonas de contacto visual con el lago que funcionan como observatorios, ya sean estancias, terrazas y jardines escalonados (casas de la peña).

Tipología 8. Arquitectura "simbiótica", aquí, los estanques y lagos artificiales generan un juego virtual de fondo–figura, simulan una integración visual con el agua y confunden la continuidad espacial (residenciales y complejos turísticos).

Tipología 9. Arquitectura de "introducción", donde el agua del río se introduce y conduce por bordes que siguen su cauce en la conformación del jardín, generando en ocasiones estancamientos (casas y residenciales).

Tipología 10. Arquitectura de "fusión" con el paisaje, generando una relación mimética o de camuflaje, la construcción emerge del entorno y se simula igual con muros verdes o de piedra. Es un solo paisaje (casas del lago y de la peña).

Tipología 11. Arquitectura "simbólica", que se presenta en espacios religiosos con un jardín contemplativo, o idea de "paraíso", entorno fértil, lugar majestuoso y místico, donde el agua es un símbolo de limpieza espiritual (el pino, Maranatha).

Tipología 12. Arquitectura "vernácula o tradicional", donde la relación visual es indirecta con el agua.

Tipología generada de la relación agua–ciudad

De reticular a plato roto, el lago es el ojo de agua que determina la traza en línea paralela a su orilla y genera contornos, calles perpendiculares, desembocaduras, rodeos, vistas panorámicas y remates visuales. Es el elemento que moldea al paisaje y propicia un emplazamiento mixto de arquitectura-paisaje-agua, mezclando las texturas de los jardines y del bosque.

Intervención

Como aportación a las tipologías antes identificadas, se propone el siguiente catálogo:

Tipologías arquitectónicas de interacción visual y escénica con el agua[13]

Tipología 1. Arquitectura con techos inclinados, en una adecuación de la construcción al medio ambiente.

Tipología 2. Construcciones en voladizo, generan terrazas abiertas o estancias con ventanales hacia el lago.

Tipología 3. Construcciones con escalonamiento arbitrario, casas fragmentadas, e irregulares.

Tipología 4. Construcciones con escalonamiento regular, casas fragmentadas, con dependencia geométrica al terreno.

Tipología 5. Construcciones con remetimientos, secciones que se reducen para generar terrazas o corredores.

---

[13] Krier, Rob. El espacio urbano. Barcelona, Gustavo Gili, 1981. Esta propuesta se basa en los tipos de fachadas que el autor establece en relación al ambiente, a la sociedad y a la cultura.

Tipología 6. Construcciones con salientes, secciones que sobresalen para generar torres o elementos panorámicos.

Tipología 7. Arquitectura sobre pilares, estructuras abiertas, transitorias, que marcan la relación interior/exterior.

Tipología 8. Arquitectura inclinada, con grandes superficies acristaladas, escenario que transparenta el exterior.

Tipologías arquitectónicas de integración

Tipología 1. Integración escultórica, generada con elementos ornamentales integrados a la construcción.

Tipología 2. Integración dinámica, lograda con elementos contenedores y conductores, como fuentes, chorros, caídas y muros de agua.

Tipología 3. Integración por acantilado, con espacios de almacenamiento en juegos de niveles.

Tipologías de retículas urbanas con interacción del agua[14]

Retícula 1. Senda como señalamiento, es direccional con terminales acentuadas por gradientes de vegetación.

Retícula 2. Senda de modelación dinámica, con curvas pronunciadas y movimiento, continuas y escénicas.

Retícula 3. Senda melódica, con cambios de espacio, sensaciones dinámicas, intervalos en el recorrido.

---

[14] Lynch, Kevin. La imagen de la ciudad. Barcelona, Gustavo Gili, 2000. La clasificación se basa en los elementos que el autor define como determinantes en una retícula urbana.

Retícula 4. Senda como borde, modelada por la orilla del lago, línea que permite la penetración visual directa.

Conclusiones

Si bien, Valle de Bravo es un ejemplo valioso que busca revitalizar una arquitectura tradicional integrada al uso de recursos naturales y a una traza urbana que se moldea con el paisaje; asimismo, demanda hipótesis de paisaje que lleven a un mejor uso de los recursos arquitectónicos, urbanísticos y naturales. Esto resulta sugerente e invita a generar pautas de diseño que incidan en la práctica de una educación ambiental que valore al entorno con miras hacia una visión integral y consciente de la vinculación hombre, arquitectura, ciudad y paisaje.

Bibliografía

Alanís Boyso, José Luis. *Cartografía Colonial del Estado de México (siglos XVI-XIX)*. México D.F., Universidad Autónoma del Estado de México, 1995.

Argan, Giulio Carlo. *El concepto del espacio arquitectónico desde el barroco hasta nuestros días*. Buenos Aires, Nueva Visión, 1984.

Bohigas Guardiola, Oriol. *Proceso y erótica del diseño*. Barcelona, La Gaya Ciencia, 1972, 295pp.

Bunge, Mario. *Teoría y realidad*. Barcelona, Ariel, 1972.

Cabeza Pérez, Alejandro. *Elementos para el diseño del paisaje*. México D.F., Trillas, 1982.

González Carranza, Héctor. Enciclopedia de los municipios de México. Municipio de Valle de bravo, Secretaría de Desarrollo y Turismo, México, 2001.

González Carranza, Héctor. *Valle de Bravo. Monografía Municipal*. Instituto Mexiquense de Cultura, México, 1999.

Gregotti, Vittorio. *El territorio de la arquitectura*. Barcelona, Gustavo Gili, 1972.

Krier, Rob. *El espacio urbano*. Barcelona, Gustavo Gili, 1981.

Lynch, Kevin. *La imagen de la ciudad*. Barcelona, Gustavo Gili, 2000.

Revista de la CNA, Sistema Cutzamala. Agua para millones de mexicanos, CNA, México, 1997.

Sánchez Molina, Antonio. *Síntesis Geográfica de México*. Trillas, México, 1982.

Bibliografía general

Bibliografía General

Abbagnano, Nicola. *Diccionario de filosofía*. México D.F., Fondo de Cultura Económica, 1961.

Alanís Boyso, José Luis. *Cartografía Colonial del Estado de México (siglos XVI-XIX)*. México D.F., Universidad Autónoma del Estado de México, 1995.

Argan, Giulio Carlo. *El concepto del espacio arquitectónico desde el barroco hasta nuestros días*. Buenos Aires, Nueva Visión, 1984.

Barroso Arias, Patricia. *La naturaleza de la expresión arquitectónica. Su forma, su modo y su orden*. USA, Architecthum-plus, 2012.

Besse, Juan. *"El diseño de la investigación como significante: exploraciones sobre el sentido"*. Revista Bibliográfica de Geografía y Ciencias Sociales, Universidad de Barcelona, N° 148, 24 de marzo de 1999.

Bohigas Guardiola, Oriol. *Proceso y erótica del diseño*. Barcelona, La Gaya Ciencia, 1972.

Bolaños Guerra, Bernardo. *Argumentación científica y objetividad*. México D.F., Colección Posgrado, UNAM, 2000.

Bono, Edward de. *El pensamiento creativo. El poder del pensamiento lateral para la creación de nuevas ideas*. México D.F., Ediciones Paidós.

Broadbent, Geoffrey; Bunt, Richard; Jencks, Charles. *El lenguaje de la arquitectura. Un análisis semiótico*. México D.F., Limusa, 1991.

Bunge, Mario. *Teoría y realidad*. Barcelona, Ariel, 1972.

Cabeza Pérez, Alejandro. *Elementos para el diseño del paisaje*. México D.F., Trillas, 1982.

Canter, David. *Psicología en el diseño ambiental*. México D.F., Concepto, 1978.

Carr, Edward Hallet. *¿Qué es la historia?* México D.F., Ariel, 1991.

Cassirer, Ernst. *Filosofía de las formas simbólicas*. México D.F., Fondo de Cultura Económica, 1998.

Cortés Morató, Jordi; Martínez Riu, Antoni. *Diccionario de filosofía*. Barcelona, Herder, 1991.

De Fusco, Renato. *Arquitectura como mass médium. Notas para una semiología arquitectónica.* Barcelona, Anagrama, 1967.

Diccionario de la lengua española. ECISA, México, 1990.

D. K. Ching, Francis. *Arquitectura. Forma, espacio y orden.* México D.F., Gustavo Gili, 1985.

Doberti, Roberto. *"Hablar y habitar a través del método de la sensibilidad".* Artículo en "2do. Congreso internacional el habitar para una investigación proyectual". México, FASE, UNAM 1999.

Ehrenzweig, A. *Psicoanálisis de la percepción artística.* Barcelona, Gustavo Gili, 1976.

Fernández Alba, Antonio. *Diseño entre la teoría y la praxis.* Barcelona, Colegio de Arquitectos de Cataluña y Baleares, 1971.

Ferrater Mora, José. *Diccionario de filosofía.* Vol. I, II, III y IV, Madrid, Alianza, 1979.

García Gómez, Carmen. *"Calidad de vida en la vivienda de interés social en Mérida Yucatán".* Artículo del "2do. Congreso internacional, el habitar para una investigación proyectual". México, FASE, UNAM 1999.

Germani, Fabris. *Fundamentos del proyecto gráfico.* Barcelona, Ediciones Don Bosco, 1973.

González Carranza, Héctor. *Enciclopedia de los municipios de México.* Municipio de Valle de bravo, Secretaría de Desarrollo y Turismo, México, 2001.

González Carranza, Héctor. *Valle de Bravo. Monografía Municipal.* Instituto Mexiquense de Cultura, México, 1999.

González Pozo, Alberto. *El dominio del entorno.* México, SEP, 1971.

González Riquelme, Alicia. *Ordenando el interior.* México, UAM, Xochimilco, División de ciencias y artes para el diseño, 1997.

Gregotti, Vittorio, et. al. *Teoría de la proyectación arquitectónica.* Barcelona, Gustavo Gili, 1971.

Gregotti, Vittorio. *El territorio de la arquitectura.* Barcelona, Gustavo Gili, 1972.

Hegel, Georg Wilhelm. *Enciclopedia de las ciencias filosóficas*. México D.F., Porrúa, 1971.

Hegel, Georg Wilhelm. *Lecciones de estética*. México D.F., Ediciones Coyoacán s.a. de c.v. ,1997.

Heidegger, Martín. *El ser y el tiempo*. México D.F., Fondo de Cultura Económica, 1997.

Heidegger, Martín. *Arte y poesía*. México D.F., Fondo de Cultura Económica, 1997.

Heidegger, Martín. *Construir, habitar, pensar*. Conferencias y artículos, Barcelona, Serbal, 1994.

Hesselgren, Sven. *El hombre y su percepción del ambiente urbano. Una teoría arquitectónica*. México D.F., Limusa, 1980.

Hierro Gómez Miguel. *La idea del habitar y la idea del diseñar*, Artículo en "2do. Congreso internacional el habitar para una investigación proyectual". México, FASE, UNAM 1999.

Hierro Gómez, Miguel. Apuntes del seminario: *"La investigación en el campo del diseño arquitectónico"*. Facultad de Arquitectura. UNAM. 2002.

Hierro Gómez, Miguel. *"Dos objetos de estudio en una aproximación teórica"*. Curso de apoyo a la docencia: La investigación en el campo del diseño, F/A, UNAM, 2002.

Holl, Steven. *Entrelazamientos*. Barcelona, Gustavo Gili, 1997.

Howard C. Warren. *Diccionario de psicología*. México D.F., Fondo de Cultura Económica, 1964.

Ibañez, Jesús. *Perspectivas de la investigación social: el diseño en las tres perspectivas. Métodos y técnicas de investigación*. 1era. reimpresión, 2da edición, Madrid, Alianza Universidad Textos, 1996.

Krier, Rob. *El espacio urbano*. Barcelona, Gustavo Gili, 1981.

Kruft Hanno, Walter. *Historia de la Teoría de la Arquitectura*. Tomo 1, Alianza, Madrid, 1990.

Lalande, André. *Vocabulario técnico y crítico de la filosofía*. Buenos Aires, El Ateneo, 1967.

Lambert Brittoin, W. *Desarrollo de la capacidad creadora*. Buenos Aires, Kapelusz, 1972.

Larios, José María. *"Sobre la evolución compositiva en la obra de Teodoro González de León"*. Revista Internacional de Arquitectura, ARQUINE, México, Colegio de arquitectos, México, Invierno 1997.

Leupen Bernard, et. al. *Proyecto y Análisis. Evolución de los Principios en Arquitectura*. Barcelona, Gustavo Gili, 1999.

Lynch, Kevin. *La imagen de la ciudad*. Barcelona, Gustavo Gili, 2000.

Magariños de Morentín, Juan. *"La(s) semiótica(s) de la imagen visual"*. Universidad Nacional de La Plata, Argentina, 2003, http://www.centro-de-semiotica.com.ar

Martín Hernández, Manuel J. *Invención de la arquitectura*. Madrid, Celeste, 1997.

Moles, Abraham. *Teoría de los objetos*. Barcelona, Gustavo Gili, 1979.

Montaner, Josep María. *Arquitectura y crítica*. Gustavo Gili, Barcelona, 1999.

Morin, Edgar. *Introducción al pensamiento complejo*. 1a. edición, Barcelona, Gedisa, 1995.

Muntañola, Josep. *Arquitectura: texto y contexto*. Barcelona, Universidad Politécnica de Cataluña, 1999.

Muntañola, Josep. *Comprender la arquitectura*. Barcelona, Teide, 1985.

Nagore, Fernando. *Geometría métrica y descriptiva para arquitectos*. Tomo II "Geometría métrica del espacio". 2da. Edición, Pamplona, España, Ediciones EUNSA, 2000.

Noelle, Louise. *La voluntad del creador. Teodoro González de León*. Bogotá, Colección Somo Sur, Tomo XIV, 1994.

Norberg Schulz, Christian. *Intenciones en la arquitectura*. Barcelona, Gustavo Gili, 1998.

Pardo, José Luis. *Las formas de la exterioridad*. Valencia, Pretextos, 1992.

Pasillas Valdez, C. Ignacio. *Arquitectura: cultura, lenguaje y quehacer*. México, Tesis grado de maestría, UNAM, 2000.

Price H. *Pensamiento y experiencia.* México, Fondo de Cultura Económica, 1975.

Prudhomme, Sully. *La experiencia de las bellas artes. La psicología aplicada al estudio del arte y del artista.* Buenos Aires, Joaquín Gil, 1954.

Raeder, Pablo. *La geometría de la forma.* UAM, Xochimilco, 1992.

Ramírez Castro, Eugenia. *"Habitabilidad, medio ambiente y ciudad".* Artículo en "2do. Congreso internacional el habitar para una investigación proyectual". México, FASE, UNAM 1999.

Ramírez, José Luis. *"La teoría del diseño y el diseño de la teoría".* Astrágalo, cultura de la arquitectura y ciudad, geometrías de lo artificial, arquitectura y proyecto, Celeste, Madrid, núm. 6, abril, 1997.

Read, Herbert. *Imagen e idea.* México, Breviarios del fondo de Cultura Económica, 1957.

Revista de la CNA, Sistema Cutzamala. Agua para millones de mexicanos, CNA, México, 1997.

Ricard, André. *Diseño ¿por qué?* Colección Punto y línea, Barcelona, Gustavo Gili, 1982.

Rodríguez Estrada, Mauro. *Manual de creatividad.* Trillas, México, 1990.

Rodríguez, José María, et. al. *Arquitectura como semiótica.* Buenos Aires, Nueva Visión, 1977.

Ruy Sánchez, Alberto. *Retrato de arquitecto con ciudad. Teodoro González de León.* México, Colección libros de la espiral, 1996.

Saldarriaga Roa, Alberto. *Habitabilidad.* Bogotá, Escala Fondo, 1981.

Sánchez Molina, Antonio. *Síntesis Geográfica de México.* Trillas, México, 1982.

Shutz Hartman, Roberto. *"La ciudad habitable, reflejo de la diversidad".* Artículo del "2do. congreso internacional, el habitar para una investigación proyectual". México, FASE, UNAM 1999.

Stroeter J., Rodolfo. *Teorías sobre Arquitectura.* 2ª reimpresión, México D.F., Trillas, 1999.

Tudela, Fernando. *Arquitectura y procesos de significación.* México D.F., Edicol, 1980.

Vilches, Lorenzo. *La lectura de la imagen.* México D.F., Paidós, 1986.

Vilchis, Luz del Carmen. *Metodología del diseño. Fundamentos teóricos,* UNAM, 1998.

Waisman, Marina. *Al interior de la historia.* Reflexión y praxis, Bogotá, Escala, 1988.

Waisman, Marina. *La estructura histórica del entorno.* Buenos Aires, Nueva Visión, 1985.

www.ingramcontent.com/pod-product-compliance
Lightning Source LLC
Chambersburg PA
CBHW071702090426
42738CB00009B/1630